爸爸与小孩

赵洪云 著

1

中国民族文化出版社
北京

图书在版编目（ＣＩＰ）数据

爸爸与小孩 / 赵洪云著 . -- 北京：中国民族文化出
版社有限公司, 2025. 4. -- ISBN 978-7-5122-1980-9

Ⅰ . G78-49

中国国家版本馆 CIP 数据核字第 2025WQ8387 号

爸爸与小孩
Baba Yu Xiaohai

策　　划：张晓萍
作　　者：赵洪云
插　　画：王富瑞雪
责任编辑：张晓萍
装帧设计：姚　宇
责任校对：江　泉
出　　版：中国民族文化出版社
地　　址：北京市东城区和平里北街 14 号（100013）
发　　行：010-64211754　84250639
印　　装：小森印刷（北京）有限公司
开　　本：130 mm×185 mm　1/32
印　　张：23.625
字　　数：300 千
版　　次：2025 年 4 月第 1 版
印　　次：2025 年 4 月第 1 次印刷
标准书号：ISBN 978-7-5122-1980-9
定　　价：158.00 元（全 3 册）

自序

记得小孩上幼儿园时，每天我去接送，我们都会手拉手。

大手握着柔顺的小手，是一种幸福。

他会"爸爸""爸爸"叫个不停，问没完没了的"为什么"，于是我们就一路"聊天"。

经历过这种聊天的爸爸们，自然明白这其实也是一种"压力"。

遇到下雨下雪，我会用花花的被单当"抱带"，把他兜在胸前，像袋鼠般穿行在小区和街道，看起来有点像骄傲过头的"行为艺术家"。

实则不然。

这种抱小孩的方式，大人"趾高气扬"，且一点儿不累，小孩也没有被勒的感觉。

如果把他背在背上，大人弯腰驼背不说，跟小孩聊天也是"空对空"的感觉。

因为这种"兜抱"的方式，我俩可以面对面，甚至脸贴脸。

于是，这期间的部分聊天内容，就变成了《爸爸与小孩》最初的冲动和灵感。

开始只是记录了短小的两三篇，放到个人博客中。

得到亲朋鼓励，我就一路写下来，写着写着，小孩大了。

后来，小孩5岁开始学钢琴。

小孩学钢琴，考验的不是孩子的功夫，真正考验的是大人的功夫。（此处省去5023字）

再后来，就有学英语，学奥数，学轮滑，学游泳……

在陪伴和参与的过程中，也会不断有灵感冒出。

我真的感觉，陪伴一个总是问各种问题的小孩，如果

要不崩溃，就最好把自己变成"思想家"或"哲学家"。

就算当个冒牌的，也得硬着头皮上。

因为，这个小孩管我叫"爸爸"。

既然在这一点上我无处躲藏，这个活儿，也只能是责无旁贷啊！

每个人都有自己的童年。

在成长的过程中，甚至到年老的时候，我们会不断反思自己的童年，回忆自己的成长经历。或长叹，或唏嘘，或感恩，或遗憾。

我深知，万不能对小孩说："哪有那么多为什么，一边玩儿去！"或者类似的话。

小孩对大千世界的好奇，也许正是父母们有所作为的好时机！

所以，如何对面前的小孩说好这些"为什么"，成了摆在我面前的难题，甚至变成了"使命"。

在我感觉手握的小手逐渐变成大手的时候，这些难题就变得更加现实，更加具体。

有时候甚至迫使自己进入一种"沉思"甚至"冥想"的状态。

感觉如果不好好思考，我就无法完成肩负的"使命"。

人活一世，活的是啥？

终有一天，无数曾经的小孩都会问出这样的问题，或主动，或被迫。

其实，在许多问题上，无关乎年龄，我们都是小孩。

于是，成长变成了一辈子的事。

我想借助《爸爸与小孩》，首先让自己思考，也试图引领小孩去思考。

不要低估我们面前的小孩，他们是这个星球上又认真、又好奇、又热情、又有观察力、又敏感的小精灵。和小孩相处，感觉我们的内心世界会变得又纯粹又丰富。

和小孩一起探索世界，每一次关于思想和精神的交流，就是一次成长。这是小孩的童年，也是我作为爸爸的"童年"。借用丘吉尔先生的话说，这不是结束，甚至不是结束的开始，这只是开始的结束。

愿借助《爸爸与小孩》，与读者诸君共同探讨。

赵洪云

于北京西山十八盘

2020 年 6 月 23 日星期二

目 录

谨以此书纪念陪小孩走过的幼儿园和小学时光

儿子与太阳

小孩和爸爸手拉手去幼儿园。

太阳正在升起。

小孩问，爸爸，为什么太阳和儿子，

英语发音几乎一样啊？

爸爸说，因为儿子就是爸爸的太阳啊。

小孩说，大人大，小孩小，

大人是小孩的太阳才对啊。

爸爸想了想说，也对，也不对。

小孩问，为什么？

爸爸说，太阳照在身上，温暖是一种感觉，

感觉是在心里。

太阳照在每个人身上，

不一定每个人都能在心里感到温暖，

如果心里没有太阳。

小孩好像懂了，

说，心里有太阳才温暖，是吗？

爸爸点点头，笑了。

小孩笑了。

太阳也笑了。

动

1

墙上的挂钟，不知不觉停止了。

小孩眼尖，第一个看见。

爸爸把钟取下，准备换电池。

小孩凑得很近，说，爸爸，给我讲讲钟表的原理。

爸爸想了想，干脆把整个后盖打开。

说，你看，钟表，

是由很多齿轮组成的。

每个齿轮的齿数多少，是关键。

互相咬合的齿轮，

齿数不同，

转动的快慢就不一样。

齿数越多，转动越慢；齿数越少，转动越快。

速度不同的齿轮，一个带动一个，不停地转动，

最后带动不同的指针一起转动。

这样，似乎看不见的时间，就可以看得见了。

小孩说，有的钟，还会滴滴答答地响。

爸爸说，是啊，钟表，也可以让静悄悄的时间，听得见。

小孩问，每个钟表都一样吗？

爸爸说，不一样，有的是机械的，有的是电子的。

虽然看起来不同，但都是一样的规律。

小孩问，都是一样在动？

爸爸说，对，一样地动。

其实，时间，就是因为动，才存在。

没有了动，就没有时间。

但是，动，又需要空间。

所以，时间和空间，是不可分割的整体。

2

你看，一切都在动。

地球在动，太阳在动。

小孩抢着说，月亮也在动。

爸爸说，对啊。因为地球自转，所以有天。

因为月亮绕地球转，所以有月。

因为地球绕太阳转，所以有年。

年月日，就是人们常说的时间。

如果看得更远，星星也在动。

从星星看到的星星，还在动。

小孩问，那，它们也有钟吗？

爸爸说，所有的动，都像一个钟。

小孩问，都有齿轮吗？

爸爸说，所有的动，也都像齿轮。

因为，没有任何一个动，是独立的。

它总是与其他的动，联系在一起的。

小孩问，那，也有刻度吗？

爸爸说，只要给它标上，它就有。

月亮动，使月有圆缺，新月，弯月，半月，圆月，就是刻度。

地球动，使地球有四季，春，夏，秋，冬，就是刻度。

但是，一切具体的动，具体的钟，都会消失。

只有动本身，只有时间和空间本身，永远存在。

3

小孩问，那，人呢？

爸爸说，人，每天都在动。从没有，到有，再到没有，

这也是动。

婴儿，童年，青年，壮年，老年，是人生命的刻度。

小孩问，那，人老了，死去之后，就不动了吗？

爸爸想了想，说，每个人不同。

有些人，会活在当时人的心里。

有些人，他们的思想、情怀，还会长久地，

活在后来人的心里。

啦啦啦

小孩学会了一首新歌。

望着满天星星，高兴地唱，啦啦啦……

唱着唱着，想到一个问题。

问，爸爸，是不是我每唱一个啦，

就有人生下来，有人死去？

爸爸说，是啊，也可能有星星生出来，有星星死去。

小孩觉得这个啦啦啦有魔力。

继续高兴地唱，啦啦啦……

几个啦啦啦之后，小孩就长大了。

看星星还是那些星星。

又不是那些星星。

想问爸爸，问不着了。

避雷针

西边有座山，山上有个塔。

雨过天晴，小孩和爸爸去爬山。

爬上山，又爬上塔。

小孩发现，塔上有根尖尖的针。

爸爸说，这叫避雷针。

避雷针一端高高地暴露在空中，

另一端连着金属丝，接到地下。

可以把雷电引入地下，保护塔身不遭雷击。

小孩问，也是像保险丝那样，

牺牲自己，保护别人吗？

爸爸说，好像是这样，好像又不是这样。

小孩问，为什么？

爸爸说，保险丝是用自己的弱点，保护别人。

所以，它只能保护一次，自己的生命就结束了。

避雷针也是主动承担危险，牺牲自己，保护别人，

但方式不同。

因为，避雷针是用自己导电好的长处，去保护别人。

所以，避雷针可以长久地保护别人。

人与人，需要互相有爱心，互相帮助，

但也需要有智慧，讲方法。

比如，当你发现有人落入水中，

你又不会游泳的时候，

你该怎么办呢？

能跳进水里去救人吗？

小孩摇摇头。

爸爸接着说，想想看，

这个时候，你自己的长处是什么呢？

小孩说，我在岸上，我可以跑。

爸爸说，你还可以喊，你还可以找能够救人的东西。

小孩抢着说，我可以跑去喊大人来，

还可以在附近找树枝……

从塔上下来，小孩在地上，找到了避雷针的接地点。

小孩说，避雷针像树一样，也有根。

小孩大激动，大激烈。

平静后，问，爸爸，彩虹是怎么形成的？

爸爸说，是阳光和水，合作的结果。

雨停后，空气中有很多来不及形成雨点的小水珠。

圆圆的水珠，晶莹透亮。

虽然是非常大的一团，

但我们可以想象成只有两颗。

阳光照射到第一颗的表面，会进入水珠内。

彩虹

1

夏天的傍晚，刚下过一场雨。

空气中，闻到清新的气息。

小孩独自在阳台上，翻看一本画册。

抬头的瞬间，看到了一幅奇妙的景象。

不是直线进入，方向会稍微改变。

这点改变，叫折射。这是彩虹形成的关键。

折射会把阳光里不同颜色的光，

分开成方向不同的光线。

折射的光线从第一颗水珠射出来，

照在第二颗水珠的表面。

这时，光线会发生反射。

水珠实际上是均匀的一大团，

所以会有很多这样的反射光。

小孩问，我们看到的实际上是反射光？

爸爸说，应该说，是先折射后反射的光。

因为我们的眼睛只是一个小点。

只有那个巨大圆弧上的水珠的反射光，

能照到眼睛里。

所以，我们就看到了一个巨大的圆弧。

2

小孩问，那彩色是怎么形成的？

爸爸说，因为紫色光折射多，红色光折射少，

紫色光在红色光的下方。

下方的水珠反射紫光，上方的水珠反射红光。

中间是其他颜色的光。

所以，那个巨大的圆弧，就成为内紫外红的彩虹了。

小孩问，光线在第一颗水珠上，也会反射啊，

怎么看不见？

爸爸说，对了，我忘记说这个了，确实是这样。

但是，第一次反射，光线还是原来的光线，

只是强度变弱了。

就像在白纸上，用白色的笔画画，是看不清楚的。

所以第一次反射，也叫散射。

第二次反射，因为颜色被前面的折射分开了，

所以第二次反射的光，跟其他光线有了区别。

小孩抢着说，就像在白纸上，用彩色的笔画画。

爸爸说，太对了，这样我们就能看见了。

所以，彩虹，就是大自然画的彩笔画呀。

3

爸爸从小孩手中拿过画册，翻到凡·高的向日葵。

你看，通过这幅画，好像看到了作画的人。

看到了他内心的渴望，看到了他内心的美。

在我们心里，好像也有了跟他一样的想法。

这跟光的折射是一样的。

虽然，人类很多事情，像散射光。

但也有很多人，用生命来追求折射的效果。

所以，我们人类，也就有了绚烂的彩虹。

其实，不只是绘画，还包括文学、音乐、舞蹈等，很多很多。

它们都是我们人类心灵的折光。

都是我们人类的彩虹。

你知道人类的彩虹叫什么？

小孩想了想，说，叫美。

不，叫艺术。美，是它必须的效果。爸爸说。

高

1

小孩喜欢画画。

画电插板，画水管，画钢琴……

有一天，开始画人。

画了几个人之后，小孩发现一个问题。

问，爸爸，为什么眼睛在最高的位置？

爸爸说，因为这样才能看得最远。

小孩问，为什么耳朵跟眼睛一样高？

爸爸说，因为听和看，几乎同样重要。

小孩问，为什么眼睛在耳朵前面？

爸爸说，因为人看到的，要比听到的更近。

所以，人看到的，往往比听到的更真实。

小孩问，为什么两只耳朵隔得这么远？

爸爸说，是为了让人听到两个相反方向的声音。

小孩问，为什么嘴巴的位置最低？

爸爸说，这是要让人先看，先听，然后再说。

小孩问，为什么眼睛看和耳朵听，

要比嘴巴说容易？

爸爸说，是要让人多看，多听，尽量少说。

小孩问，为什么眼睛只能向前看？

爸爸说，这是人最大的弱点。

因为人的危险，往往来自身后。

小孩问，这个弱点有没有办法解决？

爸爸说，有啊，就是向前看的时候，

要先看看后面，看看左右。

但是人们常常容易忘记这一点。

所以，最好不要一个人去危险的地方。

作重要的决定，也不要只靠一个人的观察和判断。

2

小孩问，为什么眼睛上面的额头是空白的？

爸爸说，额头不是空白的，里面是人的大脑。

小孩问，为什么大脑的位置最高？

爸爸说，因为大脑是用来想问题的。

虽然眼睛看得很远，但是没有人想得远。

虽然耳朵能听到的也很多，但是没有人想得多。

小孩问，为什么大脑看不见？

爸爸说，因为所有的事物，最重要的部分，

都不在表面。

小孩问，那，心脏在哪里？

爸爸说，心脏，当然在人身体的中心，

大约在胸部的中央。

小孩问，心脏有什么作用？

爸爸说，眼睛，耳朵，大脑都离不开心脏。

心脏通过血液，带给它们营养。

3

爸爸停了停，说，其实，人还有另一颗心。

小孩问，这颗心，有什么作用？

爸爸说，这颗心决定脑子想什么，

眼睛看什么，耳朵听什么。

因为，这颗心中有爱的人，想到的，是给别人爱，

并用心感受爱。

所以他看到的，是充满爱的世界。

他听到的，是美好的语言，美好的声音。

小孩问，这颗心看得见吗？

爸爸说，看不见，但每个人生来就有。

小孩问，这颗心在什么位置？

爸爸说，在最高的位置。

有了这颗心，人，才成为人。

小孩问，这颗心比大脑还重要，对吗？

爸爸说，对。就拿弹琴来说吧。

正在学弹琴的人，是用手弹琴，

手和脑，会经常闹别扭。

一般会弹琴的人，是用脑子弹琴，

曲谱和指法，记在头脑中。

演奏大师弹琴，是用心弹琴，他会忘记自己，

只有音乐在心中。

湖水的闪光

1

湖水，清清的。

柳梢轻轻飘动，湖面波光粼粼。

小孩和爸爸坐在湖边。

小孩问，爸爸，湖水为什么会闪光？

爸爸说，因为光线被水波反射到眼睛里。

波纹在动，眼睛没有动。

照到眼睛里的光线，断断续续。

所以，看起来，就像湖水在闪光。

小孩问，刚才在对岸，为什么湖水没有闪光？

爸爸说，其实，湖水也在闪光。

但是从对岸看湖水，是顺着太阳的照射方向。

太阳的反光，没有进入我们的眼睛。

因为，人的眼睛，只是一个很小的点。

眼睛在任何位置，都只能看见经过这个小点的光。

小孩问，那，照到我们眼睛里的光，是相同的吗？

爸爸说，每个物体，照到每个点的光，都是不同的。

所以，在相同的时间，我看到的闪光，

跟你看到的闪光，是完全不同的。

2

小孩说，两个人，距离越远，就越不相同？

爸爸说，对啊。其实，在任何时候，任何地方，

都不可能有两个人，看见完全相同的东西。

所有的东西，也都像水的波纹一样，在不断变化。

所以，每个人看见的东西，都是不同的。

有时候，是相似的，有时候，是相反的。

小孩说，小孩跟大人看见的也不同，对吗？

爸爸说，是这样。

人看到某个东西后，感觉也会不同。

小时候，看到的东西很大，长大后，也许显得很小。

小时候，看到的东西很小，长大后，也许显得很大。

年轻的时候，看到的东西，是一个样子。

年老的时候，看到的东西，也许是另一个样子。

小孩问，那，古代的人，跟现在的人呢？

爸爸说，那就更加不同了。

有的东西，现代人，比古代人看得清楚。

也有很多东西，古代人早已看清楚，

现代人却看不清楚。

但在每个时代，肯定有些人，要比其他人，

看得更清楚，看得更远。

有些人把看到的，想到的，记了下来。

小孩问，他们把这些东西记在哪里？

爸爸手指着前方，小孩顺着方向看去。

看到一个高高的屋顶，从柳树顶上露出来。

爸爸说，就在那里。那是一座图书馆。

在小孩眼里，树梢在动，图书馆的屋顶，一动不动。

风筝

1

天上，风筝在飞舞。

各种形状，燕子，鱼，蝴蝶……

色彩鲜艳，姿势优美。

小孩问，爸爸，风筝为什么能飞起来？

爸爸说，风吹风筝的正面，给风筝一股力量。

人手中的风筝线，给风筝另一股力量。

这两股力量加在一起，就是风筝获得的升力。

当升力等于风筝的重量时，风筝就飞起来了。

小孩问，是风重要，还是线重要？

爸爸说，都重要，风起动力作用，线起平衡作用。

线的拉力，是因为风力产生的。

拉力的角度和大小，会随风的大小变化。

小孩问，风筝会越飞越高吗？

爸爸说，会，只要线足够长。

但是，到某个高度后，就再也飞不上去了。

因为线越长，线本身的重量也越重。

而且风也会吹在线上，让线弯曲，变形。

小孩说，是线不让风筝飞得更高，对吗？

爸爸说，对。可是如果没有线，风筝就不能飞。

所以，风筝离不开线，但高度又受到线的限制。

2

突然，有一只风筝迅速从高处跌落。

小孩问，这只风筝为什么不能飞了？

爸爸说，是风筝线断了。

风的力量增大，线产生的拉力也增大。

线承受不住了，所以就断了。

小孩问，是风太大的原因，对吗？

爸爸说，好像是，其实不是。

是因为风筝没有独立飞翔的能力。

因为依赖线，

所以不能飞得更高。

因为依赖风，

才会被风从天上吹落。

干净

街边，垃圾桶很漂亮。

红色的，绿色的，黄色的，很鲜艳。

小孩问，爸爸，垃圾桶为什么这么漂亮？

爸爸说，是为了让人看起来愉快。

不去想垃圾本来的样子。

小孩问，为什么会有这么多垃圾？

爸爸说，因为人多了，垃圾就多了。

小孩问，动物和植物会有垃圾吗？

爸爸说，也会。但是有区别。

几乎所有动植物的垃圾，都可以滋养美丽的鲜花。

可是很多人的垃圾，会让开着的花儿死亡。

小孩问，每个人都会有垃圾吗？

爸爸说，都有，但也有区别。

有的人，垃圾在垃圾桶内。

有的人，垃圾在垃圾桶外。

有的人，尽量让别人干净。

有的人，只想让自己干净。

小孩问，垃圾是不是都很丑很脏？

爸爸说，看起来不是。

最丑最脏的垃圾，往往是眼睛看不到的。

因为这样的垃圾，往往都有漂亮的外表。

小孩问，就像这些垃圾桶里的垃圾一样？

爸爸说，有点像，但还是有区别。

街上的垃圾，一般不会再产生垃圾。

有的人，制造了很多害人的垃圾。

自己却不知道，或者，不想知道。

或者，从一开始心里就清清楚楚。

小孩看着附近的一棵古树，树干已经歪歪扭扭。

小孩说，爸爸，你觉得这棵树干净吗？

爸爸说，当然。我觉得它还很漂亮。

画画

星期六下午，阳光明媚。

小孩画完三幅画，就去小区健身处玩。

那里有三个秋千。

小孩眼尖，一下子发现了危险。

一个秋千的铁环，磨损大半，已经翘起来。

爸爸把坐垫从翘起的地方取下，让危险更明显。

小孩在另外一个秋千上，边摇边唱歌。

一个十二三岁的小姐姐，走了过来。

把坐垫安装好，胖胖的，坐上去就要摇。

小孩动作敏捷，迅速从秋千上下来。

走过去对小姐姐说，这个秋千坏了。

小姐姐看了一眼小孩，没有说话。

小孩着急的样子，又说了一遍，这个秋千坏了。

小姐姐似乎不耐烦了，大声说，

知——道——啦——

小孩走开了。不说话。

回家的路上，爸爸对小孩说，你刚才做得很好。

有时候，我们做到自己该做的事就好了。

别人不知道该做什么，是别人的事。

就像你画画，你可以把自己的画，画得很美很美。

但是，不要以为每个人都能画得跟你一样美。

因为，有的人，不知道什么是美。

或者，有的人，还没有学会怎样画出美丽的画。

火

小孩划了一根火柴。

木棍变黑，火苗升起。

一根火柴，很快就燃完了。

小孩问，爸爸，为什么燃烧的时候会有火苗？

爸爸说，因为木棍在某个温度下，

会释放可以燃烧的气体和小颗粒。

这些气体和小颗粒跟空气中的氧气混合，

开始燃烧，形成了火苗。

燃烧，其实是发生在火苗中。

但在火苗中燃烧的物质，跟木棍不同。

小孩问，为什么东西着火了会有烟？

爸爸说，烟，其实是没有燃烧的气体和颗粒。

因为温度太低，没有燃起来。

小孩问，为什么火可以看得见？

爸爸说，因为燃烧是一个短暂的过程。

在这个过程中，物质发生了剧烈变化。

几种物质合在一起，变成了完全不同的物质。

小孩问，火也是物质吗？

爸爸说，火不是物质，火是物质存在的状态。

跟水的气态、液态和固态一样。

只是这个状态很短暂，很不稳定。

在这个状态下的物质，会发光。

小孩问，是因为有东西在变化？

爸爸说，对。其实，火光照到的地方，也会变化。

我们每天都处在火光的照射中。

所有生命，包括人，都是从火光当中变化出来的。

小孩问，为什么？

爸爸说，没有阳光，就没有生命。

阳光也是火光，因为太阳在不停地燃烧。

只是燃烧的物质，燃烧的方式，跟火柴的燃烧不同。

小孩问，为什么有的火，要被扑灭呢？

爸爸说，因为有的火，是人类的朋友。

有的火，是人类的敌人。

你知道最难扑灭的火，是什么？

小孩说，是森林大火。

爸爸说，不是，是人心中仇恨的火。

被这样的火光照射的地方，也会变。

但不是变得温暖，而是变得寒冷，变得没有安宁。

所以，谁都不要播种这样的火。

火

静

爸爸要在墙上挂一幅画。

用电钻在墙上打孔。

小孩捂着耳朵。

一两分钟后，孔打好了。

小孩觉得神奇，问，爸爸，钻头很有力量，对吗？

爸爸说，钻头没有力量。力量是电给它的。

小孩问，可是，钻头的声音为什么这么大？

爸爸说，钻头的力量，不在声音大小。

钻头的声音，应该叫噪音，噪音把力量损耗了。

噪音越大，力量的损耗越大。

越是好的钻头，噪音就越小。

小孩问，电是从哪里来的？

爸爸说，电是发电厂发出来的。

主要有水电和火电。

水电，是把水流动的力量，变成电。

火电，是把煤燃烧产生的热量，变成电。

小孩问，水流动越快，力量就越大吗？

爸爸说，对。但是，水要从高处流下，速度才能快。

所以，水的高度，才是真正的力量来源。

小孩问，那，煤是怎么来的？

爸爸说，地上的森林，被埋入地下。

几百万年后，就慢慢变成了煤。

煤，是一种被浓缩的力量。

那，你愿意有力量吗？

小孩说，愿意。

爸爸说，你知道一个人怎样才能成为有力量的人？

小孩想了想，说，不知道。

爸爸说，水和煤，都有一个相同的地方。

水电站都有水坝。

水坝中的水，是静静地蓄积，静静地增加高度。

森林被埋在地下，也是静静地沉积，静静地变化。

静，是所有力量都必须经过的一种状态。

小孩说，是不是人要安静？

爸爸说，对。一个人要有力量，

他首先要当一个能够安静的人。

安静地想一些问题，安静地做一些事情。

镜子

1

小孩站在镜子前，跳刚学会的舞。

突然，停了下来。

喊，爸爸，快来看，我衣服上的字母是反的。

爸爸说，对啊，镜子里的物体，都是左右相反的。

为什么？小孩问。

因为光的反射。爸爸回答。

反射就是反的吗？小孩问。

爸爸说，反射，是说光遇到镜面，方向被改变了。

2

那，为什么上下又没有反呢？小孩问。

爸爸说，其实，这也可以说是一个错误。

那，是反射的错误，还是镜子的错误？小孩问。

表面看，是镜子造成的错误，其实是人的错误。

为什么？小孩问。

因为光的反射，人看物体时，位置发生了变化。

人是站在镜子的里面看物体的。

也就是说，镜子里面有个自己。

可是，自己虽然进到镜子里，

但是，经验却没有跟着进去，

还是停留在镜子外面的自己身上。

镜子外面的自己，就犯错误了。

因为，镜子里的自己和镜子外的自己，

是面对面站着的，左右相反。

也就是说，镜子里的自己认为的右，

是镜子外的自己认为的左。

所以外面的自己，把左右搞错了。

那，为什么上下没有反呢？小孩问。

因为，两个自己都是站着的，上下相同。

所以，就没有犯上下颠倒的错误啊。

3

那么，什么是经验？小孩很执着。

爸爸说，经验，就是我们以前通过观察，记忆，

学到的东西。

我们可以假设一下。

我们生下来，就是从镜子里看物体，

也就是通过反射光看物体。

突然有一天，镜子被拿走了，那么，

我们看到的一切物体，全都是左右相反的了。

镜子

经验本身也许没有错误，错误在于，

我们没有根据我们的位置，正确使用经验。

很多人的很多错误，

都是因为把另一个自己的位置弄错了，

或者把经验用错了。

其实，我们每个人都有两个自己。

当我们思考的时候，就是用我们熟悉的语言，

在心里和自己说话。

有时候，是在跟自己激烈争吵，甚至厮打。

当一个人把两个自己，变成一个自己的时候，

他就会很平静，安宁。

他就会开心地笑，就会做美好的梦。

可是，要同时认清两个自己的位置，太难太难了。

很多人，用了一辈子的时间，都没有做到。

小孩说，我现在好像就在跟自己说话呢。

爸爸说，是啊，我也是。

距离

夏日午后，舅舅来了。

小孩喜欢舅舅，手舞足蹈。

舅舅跟爸爸谈完事，要急着回家。

小孩大哭，攥住舅舅的手，不让走。

爸爸只好抱着小孩，送舅舅去路口。

烈日当头，小孩和爸爸汗流不止。

送走舅舅，小孩安静下来。

问，爸爸，夏天怎么这么热啊？

爸爸说，因为夏天，太阳直射地面。

小孩又问，那冬天为什么又那么冷啊？

爸爸说，冬天，当然就是太阳斜着照射地面啦。

爸爸给小孩擦了擦泪水和汗水。

接着说，幸好是地球离太阳足够远，

不然，夏天会更热。

也幸好是地球离太阳足够近，不然，冬天会更冷。

冬天虽然冷，

人和动物还是能好端端地过到春暖花开。

夏天虽然热，

人和动物也能好端端地过到秋天来临。

这都是因为，地球和太阳的距离不太远，也不太近，

正适合地球上的生物生存。

互相喜欢的人之间，也是这样啊。

我们喜欢某个人，也要和他有足够的距离，

这样他才会觉得自由，心里才会轻松。

小孩望着舅舅远去的方向，望了望头顶的太阳。

看着爸爸额头的汗珠，说，爸爸，让我自己走吧。

看见看不见

躺在爸爸身边，小孩念唐诗。

造化钟神秀，阴阳割昏晓……

问，爸爸，什么叫造化？

爸爸说，就是你看见的一切。

比如你看见的花鸟、树木、天空、太阳、月亮……

所有的一切。

还有吗？小孩问。

还有，你听到一切。

比如你听到的鸟叫、雷声、雨声、风声……

还有吗？小孩问。

还有，就是你感觉到的一切，比如热、香、甜、美……

还有，更多的是，你看不见，听不见，

感觉不到的一切。

我们能看见的只是极少的一部分。

为什么啊？小孩问。

因为我们能看见东西，是由于光的存在。

在光当中，可见的部分叫可见光，

就是常说的五颜六色。

看不见的光，比如红外线，紫外线……

而我们听不见的声音就更多了。

虽然我们看不见，听不见，

但这些东西确实一直存在着。

真的吗？小孩问，好像很绝望的样子。

爸爸说，不过，我们还是可以看见的，可以听见的，

甚至可以和它们说话，和它们交流。

怎样才看得见？小孩迫不及待。

爸爸说，那就是用我们的心，

用我们的想象，推测，假设……

而这样的事情，自古以来，自从有了人开始，

人们就没有停止过。

所以，我们的头脑，我们的思想，包括我们的梦，

都是造化的一部分呢。

那，什么又叫阴阳？

爸爸说，好孩子，快睡觉吧，也许在梦里，

我也可以告诉你。

蜡烛

表妹过两岁生日。

小孩帮着点蜡烛。眼看着蜡烛越来越短。

从表妹家回来，小孩问，爸爸，

蜡烛为什么越燃越短呢？

为什么蜡烛燃完了，就像什么都没有一样？

爸爸说，蜡烛变成二氧化碳和水蒸气了啊。

这两种都是气体，都是看不见的。

小孩好像很失望的样子。

小孩也要过生日了，

刚和爸爸从超市买回来几根彩色大蜡烛。

小孩舍不得就这样把蜡烛变成什么都没有。

爸爸说，其实，还有别的东西留下的。

因为蜡烛的燃烧，照亮了人们过生日时快乐的心。

这样的光和亮，会长时间留在人的记忆中，甚至一辈子。

这才是最重要的东西。

就像你弹钢琴，弹完之后，

声音虽然在屋子里消失了，

但是，却永远留在了你的头脑里。

美好的光，美好的画，美好的声音，美好的语言，

都是可以在头脑中反复看到、反复听到无数遍的。

小孩高兴起来，突然想起一件事。

说，爸爸，昨晚我梦见弹琴了，

钢琴声还可以跑到梦里去呢。

篱笆

草地上，几个小朋友玩游戏。

不远处有个菊花花圃，围着竹篱笆。

第一个小朋友，稍稍犹豫，

从篱笆上抽走一根竹竿当长矛。

第二个小朋友，顺其自然，

从篱笆上抽走另一根竹竿当长矛。

很快，每个小朋友理所当然，手中都有了一根竹竿。

篱笆出现了一个大缺口，

菊花花瓣，在剧烈摇晃中，雨点般洒落。

小孩远远看见，兴高采烈，也要跑过去抽。

爸爸摆摆手。

小孩很扫兴，说，他们都抽了啊。

爸爸说，每个人都在做的事，

不一定就是应该做的事。

菊花很美丽，

但美丽的东西往往很脆弱，需要爱护。

篱笆是拦那些喜欢乱窜的小猫小狗的，

不是拦人的。

对人来说，无论篱笆多么牢固，

总能找到拆毁的办法。

除非，把这样的篱笆，树立在心里。

小孩看着菊花，皱了皱鼻子。

高兴地说，爸爸快来闻闻，菊花好香啊。

路

小孩和爸爸手拉手回家。

脚下，是一条新修的路。

红砖铺的路，很美丽。

路的中央，是黄色的砖。

砖上面，有突起的纹路。

小孩问，爸爸，铺上这个干什么？

爸爸说，这是盲道，是给盲人铺的路。

好让盲人通过这些条纹，感觉路的方向。

小孩问，盲人很多吗？

爸爸说，现在全世界有好几千万盲人。

约 200 米长的新路，很快就走完了。

小孩不忍马上离开，就坐在路边长椅上看。

小孩问，盲道这么短，盲人走完了，怎么办？

爸爸没有说话。

小孩以为爸爸没听见，又问了一遍。

爸爸还是没有马上回答。

爸爸手握小孩的手，举到小孩眼前。

爸爸说，你从手上看到了什么？

小孩说，我看到了手掌。

爸爸说，还有什么？

小孩说，还有五个指头。

爸爸说，还有什么？

小孩说，很多条纹。

爸爸说，这些条纹，叫掌纹和指纹，都是纹路。

这些纹路，好像在提醒人们，人的手，就是人的路。

每个人的路，看起来都很短。

但是，你看，当我们手和手握在一起的时候，

路和路就接起来了。

小孩伸直双臂，

说，路就很长很长了。

爸爸说，就是这样啊。

这个世界上，

有很多盲人、聋人、手脚不便的人……

都需要我们伸出手来，让他们感到世上的路好走。

其实，当我们向需要帮助的人伸出援手的时候，

也就为我们自己找到了一条路。

你知道这是一条什么样的路吗？

小孩想了想，摇摇头。

爸爸说，是一条美丽的、通向快乐的路。

模糊

晴朗的天，阳光明媚。

小孩看看自己的影子，看看树的影子，

再看看房子的影子。

小孩发现了一个奇怪的现象，问，

爸爸，光线是直线前进的，对吗？

爸爸说，对啊。

小孩问，是不是光线越强，我们看物体越清楚？

爸爸说，对啊。

小孩问，可是，为什么阳光这么强，

影子还是不清楚？

爸爸说，很清楚啊。

小孩说，你看，影子的边缘都是模糊的呀。

爸爸想了想，问，你说说看，这是为什么？

小孩说，是不是光线经过物体边缘，方向改变了？

爸爸说，应该不会。

小孩问，那是为什么？

爸爸说，是太阳的原因，因为太阳很大。

太阳就像一个圆盘，

圆盘上的每个点，

都有光发出来。

这些不同方向的光线，

会照到物体边界上的每个点。

在影子的边缘，光线从有，逐渐变化到没有。

所以，阳光再强，影子的边缘都是模糊的。

小孩问，如果太阳只有一个点，影子就清楚了，对吗？

爸爸说，对啊，但那就不是太阳了。

因为，点，只存在于人们的想象中。

在真实世界，这样的点，是不存在的。

太阳是真实的，物体是真实的，影子是真实的。

可是，模糊，也是真实的。

有时候，模糊给人的感觉是什么？

小孩想了想，说，不知道。

爸爸说，是柔和。

太阳因为温暖和博大，

让所有的影子都变得温暖柔和。

就算是一把锋利的刀，影子也不会闪寒光。

所以，柔，是自然的美，也是人性的美。

这个世界，有时候，需要清楚。

有时候，更需要模糊。

跑道

学校操场举行秋季运动会。

小孩和爸爸坐在看台上。

小孩问，爸爸，为什么在操场上，

跑步的人都沿逆时针方向跑？

爸爸说，因为这是规定，所有操场都是这样。

小孩问，为什么要这样规定？

爸爸说，因为跑道是椭圆形的。

人在跑弯道的时候，会产生离心力。

也就是说，感觉有一股力量把身体向外拉。

要抵消这个力，外边腿要比里边腿用力大。

一般人都是右腿比左腿有力。

逆时针转弯的时候，右腿正好在外边。

所以，就规定都沿逆时针方向跑。

小孩问，那，左撇子怎么办？

爸爸说，大多数人都不是左撇子。

规定只能根据多数人的情况来制定。

小孩说，可是，这样的规定对左撇子不公平。

爸爸说，任何规定，都不可能对所有人公平。

能够符合大多数人的规定，就是最好的规定。

小孩说，左撇子为什么不能顺时针跑？

爸爸说，如果是这样，都会碰得头破血流。

对两个方向的人，都没有好处。

所以，左撇子也只有遵守规定。

其实，这样的规定，也许对左撇子更有好处呢。

小孩问，为什么？

爸爸说，因为左撇子的左腿本来就很有力了。

经常逆时针跑，就可以让右腿得到更多的锻炼。

这样，右腿就能像左腿一样强壮有力。

跑步的作用，不就是要让身体变得强壮吗？

但这需要左撇子们做到两件事。

小孩问，哪两件事？

爸爸说，一是心平气和地接受规定，

二是要看得更远。

圈

小孩得到一套福娃。

每个福娃上，都绣着五个圈。

小孩问，爸爸，这几个圈是什么？

爸爸说，奥运会标志。

小孩问，是什么意思？

爸爸说，世界上有很多人，每个人都不同。

比如，语言可能不同，肤色可能不同。

见过的不一样，知道的不一样。

想的不一样，相信的不一样。

走过的路不一样，正在走的路不一样。

每个人都属于某群人。一群人就是一个圈。

小孩说，我见过埃菲尔铁塔，张可铭没见过。

我和他是不是就属于不同的圈？

爸爸说，从去过某个地方，见过某个东西来讲，

是这样。

但还有更大的圈，更多的圈。

其实一个人知道什么，不知道什么，对别人来说，

并不重要。

重要的是，一个人要知道尊重别人。

一个人不能因为自己知道的好像很多，

就觉得自己更高级。

一个人知道的东西越多，就越要尊重别人。

当然，不知道有些事情的人，也要尊重别人。

小孩说，书上说，印第安人会学鸟叫。

爸爸说，对啊，有些人可能觉得印第安人很原始。

因为他也许会弹钢琴，可是印第安人不会。

但是，很难说，琴声和鸟叫声，到底哪一个更优美，

更自然。

小孩说，我的钢琴有 88 个键，能发 88 种声音。

有没有人知道鸟儿能有多少种声音？

爸爸说，估计没人知道。在这点上，

可能印第安人知道的比我们多。

小孩问，这几个圈为什么一样大？

爸爸说，每个圈都应该是平等的。

每个圈都应该有每个圈的空间。

生活在不同圈里的人，要允许其他圈存在。

而且要互不打扰，更不要互相挤压和破坏。

小孩问，这几个圈为什么要套起来？

爸爸说，圈和圈之间，也有共同的东西。

小孩问，共同的东西是什么？

爸爸说，宽容和尊重，善和美。

有了这些，圈和圈就连在一起了。

每个圈，也才能成为真正的圆。

上下

商场，人来人往。电梯，上上下下。

电梯周围是玻璃墙。

电梯的动作，可以看得清清楚楚。

小孩很好奇，满脸的兴奋。

小孩刚看过讲机械的图书。说，爸爸，快看。

坐着不动的，是电动机，转个不停的，是动滑轮。

爸爸蹲下来，

问，你觉得坐电梯好吗？

小孩说，好。

电梯里亮亮的，就像个宫殿。

爸爸说，把箱体比作宫殿，太妙了。

我也觉得这个宫殿很漂亮。

那，你觉得电梯什么地方最奇妙？

小孩说，是动滑轮，动滑轮可以省力。

爸爸摇摇头，说，动滑轮可不是。

小孩想了想，说，是宫殿。

爸爸还是摇摇头，说，这两件都重要，

可都不是最奇妙的。

爸爸手指着另外一面不透光的墙。

小孩看见一个扁扁的东西，问，那是什么？

爸爸说，它太不起眼了，所以你没有看到。

它叫配重，是铅块做成的。

看起来小，其实很沉，

它的重量大约等于宫殿的重量。

在最高处，用绕过定滑轮的绳子，和宫殿连在一起。

宫殿和配重，就像跷跷板的两头。

宫殿需要上升的时候，配重就下降，把宫殿拉上去。

由于配重和宫殿互相抵消了自身重量，

宫殿移动起来就轻松多了。

小孩问，配重为什么是扁扁的？

爸爸说，配重的位置都在宫殿的背后。

配重占的空间越小，宫殿就可以越宽敞。

其实，人，也像电梯一样奇妙。

小孩问，为什么？

爸爸说，你看周围，到处是人。

每个人的位置，在不断变化。有人上去，有人下来。

一个人，上午，可能当宫殿，下午，可能当配重。

在某个屋子内，可能当宫殿，

在某个屋子外，可能当配重。

在后面当配重的时候，就要努力把自己缩小。

在前面当宫殿的时候，就要努力让人们感到宽敞明亮。

如果配重和宫殿协调配合，

自己的宫殿，别人的宫殿，

都可以更宽敞，更明亮。

小孩问，爸爸，我们两个现在谁是配重，谁是宫殿？

爸爸说，我是配重，你是宫殿。

配重蹲在这里，就是要让你这个宫殿更亮啊。

爸爸摸了一下小孩的头，小孩咯咯咯地笑起来。

圣诞

雪花刚刚飘过，圣诞节就到了。

红衣服的圣诞老人，给每个孩子都发了礼物。

小孩问，爸爸，圣诞节是什么节？

爸爸说，圣诞节是基督的生日，基督是上帝的儿子。

小孩问，上帝是什么样子？

爸爸说，每个人都没见过。

小孩问，上帝是真的有，还是童话里才有？

爸爸说，因为没人见过，

我们可以自己认为他有还是没有。

小孩去过教堂，问，上帝是住在尖尖的房子里吗？

爸爸想了想，说，不是，是住在人的心里。

小孩问，那你心里住着上帝吗？

爸爸说，上帝是基督教的神。

小孩问，那你的神住在哪里？

爸爸说，我的神，也在心里。

小孩问，你的神是什么？

爸爸说，我相信的事，我看见的美好，就是我的神。

爸爸和妈妈能每天听你弹出好听的琴声。

看到你能分辨每个音符细微的变化。

这些，都是神送给我们的礼物。

小孩问，人人心里都有神吗？

爸爸说，不一定。

但心里有神，就知道感恩，就容易满足，

就容易快乐。

小孩说，我看见圣诞老人发礼物，心里就很高兴。

是不是我心里也有神了？

爸爸说，是的，神一直就在你身边，只要你相信他。

孙 星

圆圆的月亮，跟着小孩走。

小孩跟着影子走。

小孩问，爸爸，月亮是地球的卫星，是吗？

爸爸说，对啊，因为月亮绕地球转。

小孩问，地球是太阳的行星，对吗？

爸爸说，对啊，因为地球绕太阳转。

小孩问，那，月亮绕太阳转吗？

爸爸说，应该是吧，月亮也在绕太阳转。

小孩问，那，月亮绕太阳转的轨道，

也是圆的吗？

爸爸说，这个问题好像有点复杂。

应该是个圆，但是圆上应该有些小波浪。

小孩想了想，说，

是不是像开了花的向日葵一样？

爸爸说，太对了，就是那个样子。

小孩说，那，月亮是太阳的什么？

爸爸想了想，说，我也不知道。

好像没有人想过这个问题。

小孩诡秘地笑了，哈哈，我知道。

爸爸也笑起来，说，快快告诉我吧。

小孩问，是不是没有太阳，就没有地球？

爸爸说，对啊。

小孩问，是不是没有地球，就没有月亮？

爸爸说，对啊。

小孩说，所以，月亮应该叫孙星啊。

爸爸恍然大悟，说，太对了！

月亮是孙子，绕着太阳爷爷转。

而且，还喜欢在爷爷面前，蹦蹦跳跳的呢。

小孩说，为什么你们大人也有不知道的事情？

爸爸说，因为，很多问题，大人们都习惯不再想了。

疼

春风暖洋洋的。

阳光暖洋洋的。

小孩在公园的青石板上，用小石子画画。

在影子里，小孩看见有几只小蚂蚁。

蚂蚁很忙的样子，往不同的方向走。

突然，小孩喊，爸爸，快看。

爸爸蹲下来，看见一只蚂蚁，走路很艰难。

小蚂蚁的一条腿断了。

小孩问，爸爸，它是不是很疼？

爸爸说，可能很疼。

小孩说，它爸爸妈妈知道吗？

爸爸说，蚂蚁是卵生的，

也就是从蚂蚁蛋里生出来的。

可能从小就没有见过妈妈，也没有见过爸爸。

小孩说，那它就这样孤单地到处爬吗？

爸爸说，每只蚂蚁都是这样。

你看，草丛就是它的家。

它很快就能钻进草丛里。

可能过不了几天，它的腿就会长好。

小孩看着蚂蚁，直到蚂蚁消失在草丛中。

晚上回到家，小孩感冒了，头疼发烧。

小孩说，爸爸，人的头为什么会疼？

爸爸说，因为我们人身上有很多神经细胞。

神经细胞让我们感觉到疼痛。

小孩说，为什么我头疼的时候，你的头不疼？

爸爸说，因为我们是两个人，身体是分开的。

小孩说，人也像蚂蚁一样吗？

爸爸说，看起来是一样，但还是有不同。

小孩说，哪里不一样？

爸爸说，比如，你头疼的时候，你可以告诉我。

我知道了以后，虽然我的头不疼，

可是我的心会觉得疼。

我和你的神经，就好像是连在一起的。

小孩说，为什么？

爸爸说，因为爱一个人，就会有这样的感觉。

小孩很高兴，说，爸爸，

为什么我觉得好像舒服些了？

爸爸说，因为你感觉到爱了。

只有爱，才会让人感到人不像蚂蚁那样孤单。

小孩说，爸爸，你头疼的时候，也告诉我，好吗？

天鹅和乌鸦

一进公园，就看到一个湖。

湖里有几只天鹅。

白白的羽毛，长长的脖子，优美的姿势。

小孩问，爸爸，天鹅都是白色的吗？

爸爸说，可能是，可能不是。

小孩问，为什么？

爸爸说，我们见过的天鹅是白色的，

不代表所有的天鹅都是白色的。

也许，还存在其他颜色的天鹅，

只是我们还没有见过。

小孩问，如果所有人都没有发现其他颜色的天鹅，

是不是就可以说天鹅都是白色的了？

爸爸说，还是不能。

所有人没有发现，还是不等于不存在。

因为人的世界，和天鹅的世界，是不同的。

人能发现的，也只是这个世界很少的部分。

小孩问，

怎样才能知道世界上还有没有其他颜色的天鹅？

爸爸说，对一个人来说，就要多旅行，多观察，

尽量去看看远方的世界。

对很多人来说，就要多交流，多沟通，

尽量把每个人的发现集中起来。

虽然还是不能断定到底有多少颜色的天鹅，

但剩下的颜色，总会越来越少。

往公园深处走，进入一片树林。

突然几只乌鸦飞来，停在树上。

小孩问，爸爸，有没有其他颜色的乌鸦？

爸爸说，也有，叫"白乌鸦"。

微笑的人

湖面，有野鸭嬉戏。

一圈又一圈涟漪。

小孩坐船头，爸爸坐船尾，划着船。

小孩问，爸爸，鸭子为什么不会被淹死？

因为鸭子生下来就会游泳啊。爸爸说。

人为什么会被淹死？小孩问。

因为人天生不会游泳啊。爸爸说。

那，人学会了游泳，就不会被淹死了？小孩问。

对啊，至少在这样的池塘里不会。爸爸很肯定。

因为，东西浮在水面上，是因为水有浮力。

人能浮在水面上，是因为人有肺。

肺里面可以装很多的空气。

肺里只要充满空气，浮力就可以大于体重，

让人浮在水面上。

小孩问，一个不会游泳的人，也能浮在水面上？

爸爸说，对啊，只要他憋一口气。

但是，人不能一直憋着气，人需要呼吸。

会游泳的人，才知道怎样呼吸，

让肺里进入的是空气，而不是水。

可是，一个人学会游泳以后，跟不会游泳的时候，

看起来是一样的啊？小孩说。

爸爸想了想，说，对啊，肺还是原来的肺，

身体也没有变轻，那是哪里变了呢？

小孩摇摇头。

爸爸抚摸了一下小孩的头，说，是这里。

脑子里学会的东西，就是两个人的不同？小孩问。

爸爸说，好像是。其实，最大的不同，却不在这里。

那在哪里？小孩纳闷。

爸爸说，在船上，在旅途中。

两个人面对水的时候，表现出的神情姿态是不一样的。

不会游泳的人，可能是慌张和恐惧。

会游泳的人，是平静，是看风景的自在，

是自然的微笑。

你愿意当哪一个人？

我要当微笑的人。小孩大声说。

我

1

小孩以前不会发"思"这个音。

听起来像"哼",又像"嘻"。

听到的人,想笑,又不忍心笑。

有一天,小孩终于会发"思"这个音了。

小孩很高兴,问,爸爸,

我怎么记不起我第一次发的是哪个音了?

爸爸笑着说,我也不记得。

小孩问,是不是只有我不记得小时候的事?

爸爸说,每个人都不记得。

小孩问,我是怎么长这么大的?

爸爸说,先是吃奶,然后是吃饭啊。

小孩问,妈妈把我生下来时我多大?

爸爸说，大约有 3 千克多。

小孩问，3 千克以前，是不是零千克？

爸爸说，对。零千克的时候，只是一个细胞。

2

小孩问，细胞是什么样子的？

爸爸说，大概是圆的。

小孩问，是不是像地球？

爸爸说，可能吧。可是细胞应该比地球更复杂。

因为从一个细胞可以变出很多细胞。

很多细胞在一起，就变成一个人。

人随便吃一些食物，就会长大。

人长大了，就会说话，还会想问题。

可是地球刮风下雨，变来变去，还是地球。

小孩说，就像人住在房子里，可是房子不会说话。

爸爸说，对啊，地球就像人类的房子。

刚开始，这个房子里没有细胞，更没有人。

小孩问，那，细胞是不是更像宇宙？

爸爸说，太像了。

因为这两个东西，人类都无法理解。

也许永远都理解不了。

3

小孩问，是不是人不够聪明？

爸爸说，这不是人的问题。

是人存在的时间和空间的问题。

对细胞来说，人太大了。

对宇宙来说，人又太小了。

小孩问，为什么要跟人比？

爸爸说，问一个东西是怎么回事的时候，

是以这个东西为中心的。

比如，当问细胞是怎么来的，就要以细胞为中心。

当问宇宙是怎么来的，就要以宇宙为中心。

可是，人去探究任何东西的时候，是以人为中心的。

而且只能以人为中心，以脚下的地面为出发点。

所以，人们常说的宇宙，只是人的宇宙。

人们常说的细胞，也只是人的细胞。

4

小孩问，如果不以人为中心呢？

爸爸说，可能，一个细胞，就是其他中心的宇宙。

也可能，人的宇宙，只是其他中心的一个细胞。

小孩问，为什么人不能到其他中心去？

爸爸说，对啊，人类一直想到其他中心去看看。

所以人类发明了很多仪器。

比如显微镜、望远镜、卫星、飞船等。

小孩说，地球就在脚下，

人到地球中心是不是很容易？

爸爸说，也不容易，对人来说，地球也太大了。

小孩问，能找到其他中心吗？

爸爸说，好像现在还不能。

小孩问，以后能吗？

爸爸说，有些目标，只能接近，无法到达。

也许刚有一点接近，就会有新的目标。

所以，能不能不重要，努力就行了。

所有人做一件事，跟一个人做一件事是一样的。

小孩说，就像我努力说"思"一样，对吗？

爸爸说，对。在有些方面，所有人，就是一个我。

乌龟和兔子

小孩刚弹了一首钢琴曲，说，我累了。

拿起故事书，读乌龟和兔子赛跑的故事。

小孩平常喜欢把自己比作小白兔，

很为小兔子抱不平。

爸爸，

这只小兔子为什么偏偏要在比赛的时候睡觉？

它为什么不在比赛完了再睡？

我才不会在比赛的时候睡觉呢。

爸爸说，这个故事是要告诉我们，

做什么事情都要认真。

小孩还是不服气，说，如果跑的距离长一点，

就算兔子睡一觉，也不一定就跑不过乌龟。

乌龟走路实在太慢了，

李天翼家有只乌龟，我见过的。

爸爸想了想，说，你说得对。

不过，依我看，根本就不应该让兔子跟乌龟赛跑。

因为，每个人都有长处，每个人都有缺点。

跑，是兔子的长处；游泳，是乌龟的长处。

所以，让乌龟和兔子赛跑，这件事本身就不公平。

反过来，让兔子和乌龟比赛游泳，也一样不公平。

这个问题，也可以这样假设。

兔子专心练习在陆地上跑，

乌龟好好练习在水里游。

然后，它们两个团结起来，互相帮助。

碰到河流湖泊阻挡，乌龟就背着兔子游。

上了岸，兔子就驮着乌龟跑。

这样，各自的长处都发挥出来了。

到达某个目标的速度，就比独自到达快得多。

你说是吗？

小孩点点头。

爸爸接着说，那我们现在就开始这样的游戏吧。

我当乌龟，你当兔子。

我先练习画画，你先练习弹琴。

过一会儿，你教我弹琴，我教你画画，好吗？

小孩高兴地、响亮地说，好吧。

颜色

植物园里，开满各种颜色的花。

温暖的阳光，温暖的风。

小孩问，爸爸，颜色是怎么来的？

爸爸说，我们可以先说黑色。

在阳光下，黑色的东西，摸上去感觉温度更高。

这说明，物体会吸收光线。

阳光中，本来包含各种颜色。

如果各种颜色一样多，看起来就是白色，

灰色或黑色。

颜色越深，说明被吸收的光线越多。

如果只有某些颜色被物体吸收，

剩下的颜色就是彩色的。

小孩问，我们看到的都是剩下的颜色吗？

爸爸说，对。

比如看到红色，那么蓝色和绿色就被吸收了。

小孩问，是不是所有东西都有颜色？

爸爸说，应该是这样。

小孩问，风有颜色吗？

爸爸说，风是流动的空气。

空气看不见，所以颜色也看不见。

小孩说，你不是说所有东西都有颜色吗？

爸爸说，颜色不只是可以看到，还能感觉到。

一个快乐的人，会感觉风是明亮的、温暖的颜色，像橙色、粉色。

一个忧伤孤独的人，会感到风是寒冷的，黑色的。

小孩说，那，春天有颜色吗？

爸爸说，当然有啊。

但是每个人感觉到的颜色是不同的。

有的人，春天是彩色的。

有的人，春天是黑色的。

其实不只是春天，他们的一年四季，

每天，都是黑色的。

小孩问，是什么把他们的颜色吸走了？

爸爸说，可能是不公平，可能是贫困，可能是战争。

小孩问，怎样让颜色都留下来？

爸爸说，其实，只要留住一样东西。

小孩问，什么东西？

爸爸说，爱。爱像温暖的阳光，包含各种颜色。

但只有爱的颜色，不是越来越弱，而是越来越强。

只要我们用心感受爱，再把爱传给别人。

爷爷的树叶

深秋。一阵风刮来。

银杏树叶纷纷飘落，满地金黄。

小孩问，爸爸，树为什么要掉叶子？

爸爸说，因为树叶绿过了，果子成熟了。

小孩突然想起爷爷的头发，笑起来。

说，爷爷的头发也像树叶，都掉光啦。

爸爸说，那你知道爷爷的果子在哪里吗？

小孩指了指爸爸。

爸爸说，是啊，爷爷的果子长大了。

爸爸指了指小孩，果子的果子也正在长大呢。

你看，爸爸的树叶还是绿绿的，

你的树叶还在发芽，

爷爷的树叶

117

爷爷的树叶却掉光了。

爸爸不说话。小孩不说话。

过了一会儿，小孩说，晚上我要给爷爷打电话。

一阵风刮来，树叶哗哗响，像唱歌。

眼睛

晚上又下了新雪。

一阵风吹来，每根寒毛都在发紧。

小孩放假了，和爸爸手拉手回家。

小孩问，爸爸，下雪的时候为什么不冷？

爸爸说，因为雪还没有开始融化。

雪融化的时候，是从固态的水变成液态的水。

这个过程，需要从空气中吸收热量，

所以空气就变冷了。

小孩问，为什么风刮在身上会更冷？

爸爸说，因为风，会把人身上的热量快速带走。

小孩问，人身上哪里最不怕冷？

爸爸说，眼睛。

冬天，我们身体的其他部分被厚厚包裹的时候，

眼睛却在直接面对寒冷，

而且还能看清冬天的景色。

说话间，小孩和爸爸，走过了每天都要经过的大门。

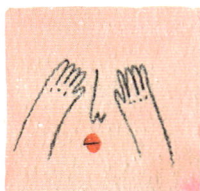

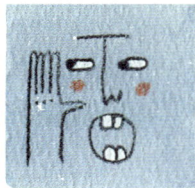

小孩问，爸爸，

眼睛

你为什么每天都跟门卫哥哥点一下头？

爸爸说，因为，人们都习惯了看不见他，

或者不看见他。

习惯了把他看成门的一部分。

但他只是一个大男孩。是人，也会怕冷。

他站在风里，用眼睛，带给我们安全。

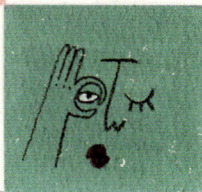

我看着他，互相点一下头，是想谢谢他。

友善的眼光，能给人温暖。

小孩说，我想跟他说，新年快乐。

爸爸说，快去吧。

一滴水

荷叶中央，有一滴水。

说是白色的，明明又是透亮的。

说是透亮的，明明又是白色的。

轻轻哈口气，就不停地抖。

手一松，荷叶一动。

圆圆的，就溜走了。

小孩转过头，问，爸爸，这滴水是怎么来的？

爸爸说，来自很远很远的地方，

很久很久以前的年代。

小孩问，什么地方，什么年代？

爸爸说，不是一个地方，不是一个年代。

为什么？小孩着急的样子。

爸爸说，因为，水是由很多细小的颗粒组成的。

这些细小的颗粒，叫分子。

每个分子，都是在不同的时间和地点生成的。

生成的原因，也各不相同。

小孩问，那，它们是怎么跑到一起来的？

爸爸说，它们跑到一起来，是偶然的。

水，看上去，是分开的，实际上是一个整体。

因为海洋、河流和空气的流动，地球上的水，

总是在不停地聚散离合。

它们可能在海洋中，蓄积了很多年。

在地底下，埋藏了很多年。

在河流里，流动了很多年。

在空气中，飘浮了很多年。

它们可能养育过很多很多生命。

又可能比任何生命，都要长久。

小孩问，是不是说，水很多很多，

可以存在很久很久？

爸爸说，看起来是这样。

因为，地球上，大部分都是海洋。

陆地上，还有很多河流、沼泽、湖泊。

水，很广阔。但只有清洁的水，才可以养育生命。

生命，离开清洁的水，就活不下去了。

包括所有的植物，动物，还有人。

可是现在，清洁的水，越来越少。

小孩说，我知道，是人犯错误了，所以水就变脏了。

爸爸说，对啊。好在，水也很宽容。

它还会给人改正错误的机会，

把它变回本来的样子。

小孩说，就是要让水，都变成刚才那滴水一样？

爸爸说，对。而且要快。

因为，水，虽然有最仁慈、最宽容的胸怀，

但也有限度。

超过这个限度，它可能就永远不会给人机会了。

小孩在水里，轻轻点了一下手指。

弹弹指尖，荷叶上，又有了一滴水。

小孩小心翼翼地看护着这滴水。

在这滴水里，小孩看见了天空和大海，

看见了过去和未来。

一片树叶

夏天，山上郁郁葱葱。

到处都是各种形状的绿叶。

有的简单，有的复杂。

小孩问，爸爸，树叶为什么都不同？

爸爸说，这是物种决定的。

小孩问，为什么两面不一样？

一面光光的，一面有绒毛。

一面颜色深，一面颜色浅？

爸爸说，两面的作用不同。

正面是朝太阳的一面，主要作用是接受阳光照射。

背面是朝地的一面，主要作用是呼吸。

小孩问，这两面是背靠背的，对吗？

爸爸说，对啊，而且靠得还非常紧。

这两面看起来是相反的，但又是紧靠在一起的。

其实，不只是树叶有两面。

所有的东西，都有相反的两面。

有时候，甚至有很多个这样相反的面。

如果缺少了一面，另一面也就不存在了。

你看到的，想到的一切，都是这样。

小孩问，那，山的两面是什么？

爸爸说，东西方向的山，向南的一面，

常年有太阳照射，所以叫阳面。

北面，就叫阴面。

还有，因为有平原，所以才有高山。

如果全是很高的地方，那就不是山，是高原。

所以，山和平原，也是相反的两面。

小孩问，河的两面是什么？

河，是因为流动的水，才成为河。

不流动的水，形成的是湖。

小孩问，光有两面吗？

爸爸说，光的另一面，就是没有光，是黑暗。

光还跟颜色一样，颜色有冷色暖色，

光也有冷光暖光。

比如太阳的光，是暖光，月亮的光，是冷光。

小孩问，人也有两面吗？

爸爸说，人，不只有两面。

每个人不一样。一个人在不同的时候也不一样。

人包括的面，几乎是所有可以想象的面的总和。

小孩问，也包括黑白和冷暖吗？

爸爸说，对啊。

夏天所有的树叶，希望都能向着太阳。

也希望人类的明亮和温暖多一些。

这是多数人心中最大的愿望。

金钻

影子

没有月亮的冬夜，窗外一片漆黑。

小孩和爸爸在阳台上看星星。

爸爸，夜晚为什么是黑的？

是不是太阳掉到山里面去了？小孩问。

不是，是太阳到地球的另一边去了，爸爸说。

天线宝宝里不是说，太阳落下山，宝宝说再见吗？

小孩问。

看起来是这样，

其实，是因为地球绕着自己的中心转动，

也就是自转，把太阳转到另一边去了。

现在太阳照射的是地球的另一半。

我们这一半的阳光，被另一半给挡住了。

所以，夜晚，是地球的影子。

地球太大，影子里才漆黑漆黑的，

什么都看不清楚。

地球的影子，跟树、房子的影子是一样的。

那，我们人有影子吗？小孩问。

有啊，不过，人的影子跟树木花草又不同。

一个人其实有两个影子。

小时候，人小，影子也小。

随着身体的长大，影子也在长大。

那，是不是也变成夜晚一样了？小孩问。

爸爸想了想，说，是啊，看起来很不清楚了。

特别是，当一个人感觉自己很大的时候，影子也就更大。

别人站在外面，也许能看清楚，

但自己却看不清楚自己。

一个人，影子越小，就越容易看清自己，

越容易看清自己的路。

走起路来，步伐越轻松，感觉越快乐。

那，怎样才能把影子缩小？小孩问。

让阳光端端正正照在头顶上啊。爸爸说。

那，我们小孩影子小，是不是我们最幸福快乐？

小孩问。

当然啦，小孩都很可爱，很快乐。

哈哈，小孩，你现在快乐吗？

爸爸胳肢了一下小孩。

哈哈哈，快乐啊。小孩大笑起来。

鱼非鱼

西边有座山，山下有座庙。

小孩和爸爸爬完山，进了庙。

小孩听见缓慢均匀的敲击声，

好像从附近一个院门里传来。

小孩问，爸爸，这是什么声音？

这是木鱼的声音，里面有人在敲。爸爸说。

他为什么敲？小孩问。

爸爸说，他在说话，

跟自己说话，跟很多人说话，跟很多东西说话。

因为他在思考。

他在思考什么问题？小孩问。

他在思考我们外面的人想不通的问题。

也许，

更多的是我们外面的人以为不用思考的问题。

他敲出声音，是他思考问题的方式，

也是告诉我们外面的人，不要去打扰他。

那他是不专心，因为他敲出了声音。小孩纳闷。

恰恰相反，他很专心。爸爸说。

为什么？小孩问。

因为他专心思考的时候，

他自己是听不见这个声音的。

就像我们闻花香的时候，忘记周围有蜜蜂叫一样。

走出庙来，在门口，有人拿着木鱼卖，

小孩觉得好玩，也要买一个。

小孩仔细看看木鱼，说，爸爸，

木鱼一点儿也不像鱼。

爸爸说，木鱼，是人们给它的名称。

名称不重要，重要的是，它就是它本身。

就像池塘河流中的鱼一样。

鱼，并不知道人们称它们为鱼，

它们照样天天快乐地游着。

那个敲木鱼的人，敲的什么，也并不重要，

重要的是，他在心里思考。

其实，每天，每时每刻，每个人心里，

都有看不见的木鱼在敲。

只是，每个人的敲法不同。

有的人敲得太急，有的人敲得很乱……

小孩说，那，我念唐诗的时候，

可以用木鱼来打节奏。

我唱乐谱的时候，可以用来打节拍。

这个时候，可不要打扰我啊。

好。不过，最好把节奏记在心里。爸爸说。

圆

小孩用彩色铅笔，在纸上画房子。

最后，想画一个圆窗户。

画了擦，擦了画。画了几次，都不满意。

小孩说，爸爸，你帮我画一个圆，好吗？

爸爸拿起笔，用指尖把纸按在桌面上。

左手推着纸，绕指尖旋转一圈。

一个圆，很快就画好了，像用圆规画的一样。

小孩很高兴，问，爸爸，你怎么画得这样好？

爸爸说，因为，一切图形，都是点组成的。

要成为某种图形，每个点都要符合各自的规律。

圆的规律是所有点跟中心点的距离保持不变。

另外，再没有任何其他规律。

所以，圆的规律最简单，所以是最简单的图形。

小孩说，可是，画圆，想起来很复杂似的。

爸爸说，是啊，原来我也觉得复杂。

再简单的事情，如果没有好好理解运用规律，

都好像很复杂。

比方说，在这张纸上，画一个圆，可以用两种方法。

第一种，就是笔动，纸不动。

笔动的时候，笔尖经过每个点，

都需要用眼睛判断是不是像个圆。

如果看着不像，就要随时进行调整。

画圆的人，要一心二用，一边要看着笔尖，

一边要看着已经画过的点。

这样画出的圆，几乎总是歪歪扭扭的。

小孩说，对啊，我刚才就是这样的。

爸爸说，第二种，就是把第一种方法反过来。

先定好圆心，定好笔尖和圆心的距离。

再让纸动，笔不动。画出来的圆，就非常完美。

第一种方法，是先行动，然后在行动中找规律。

第二种方法，是先找规律，然后才专心地行动，

因此每步行动都符合了规律。

两种方法，花的时间和精力差不多，

但是效果大不相同。

很多道理，都是这样，需要我们改变看问题的角度。

有时候，甚至要把方向颠倒过来。

小孩问，为什么圆看起来，好像找不到缺点似的？

爸爸说，对啊。

因为圆的规律最简单，所以看上去最完美。

其他规律也是这样。

认识到的规律越简单，越接近规律本来的样子。

远近

星期天，小孩和爸爸去爬山。

小孩坐在回家的车上，回头看那座山，越来越小。

小孩问，爸爸，为什么远处的物体看起来小？

爸爸说，因为远处的物体，

在眼睛的视网膜上形成的图像小。

这个图像的大小，

跟物体周围和眼睛形成的夹角有关。

这个夹角，叫视角。视角越大，图像越大。

远处的物体，视角小，图像小，所以看起来小。

小孩问，为什么在山下看山上，好像山很高？

在远处看，好像山变得很低了？

爸爸说，因为距离不同，所以我们看山的姿势不同。

在山下看，是仰视。在山外看，是平视。

小孩问，为什么站在山外看，跟站在山里看，不一样？

爸爸说，在山外看到的，除了一座山外，

还有更多的山。

更多的山上，还有一大片天空，天空上还有白云。

在山里看到的只有山的一部分，

是山里的花草和森林。

天空，常常会被山里的树木挡住。

小孩问，大小和高低，全跟位置有关系吗？

爸爸说，对。而且，都是人的感觉。

其实，大小和高低，还是变化的。

会随着空间变化，随着时间变化。

小孩问，为什么人在森林里，容易迷路？

爸爸说，就是因为，人在森林里，看不见天空啊。

所以，当人觉得一个东西很大时，就要尽量远离它，从高处看。

只是很多时候，走出来已经不容易，

站到高处去就更难。

重心

上去的人，想看风景。

下来的人，看完风景。

上去的人，怀着希望，步子也轻松。

下来的人，怀着满足，步子也轻快。

在上去的人流中，小孩发现一个男人，弯着腰，

头几乎要碰上石阶。

他背上背着满筐矿泉水。头上的汗水，如雨点。

小孩问，爸爸，他在干吗？

他要把水背上山顶，卖给那些口渴的人。爸爸说。

他的腰，为什么要弯得那样低？小孩问。

爸爸说，他是要让身体的重心和脚之间，

与地面保持垂直。

因为背上的东西重，所以，就要让背尽量向前弯。

这样也是为了降低重心，背上的东西才稳当。

可是，这样的姿势很难受啊。小孩说。

是啊，人不背重物，直立行走的时候，重心最高，

姿势也最舒服。爸爸说。

那他为什么要这样？小孩问。

爸爸说，因为他背着希望。

也许他有个孩子离开了家，需要他帮助。

也许他希望他的家人，孩子，背上背的东西比他轻。

就是想让他的孩子重心高一些，是吗？小孩问。

爸爸说，是这样。

可是，他的重心虽然低，但还是站着的。

而且是踏踏实实站着的。

他的腰虽然弯着，但面对的是地。

我们要尊敬这样的人，尊敬这样的姿势。

小孩望着那个远去的背影。

好像看见一座山，在慢慢升起。

山上，有另外的风景。

转圈的鱼

有个池塘。水，清澈见底。

一边有水流进，一边有水流出。

各种颜色的鱼，

多数都在转着圈游动。

两个圈，一个顺时针，一个逆时针。

紧靠在一起，像阿拉伯数字 8。

小孩问，爸爸，鱼为什么要这样游？

爸爸说，池塘里的水流可能是圆形的。

鱼顺着水流的方向游，省力。

小孩说，鱼都知道这个道理吗？

爸爸说，先有第一条鱼这样游。

慢慢地，所有鱼都跟着这样游。

到后来，就都形成了习惯。

小孩问，为什么？

爸爸说，因为，后来的鱼，如果向别的方向游，

就可能跟别的鱼相撞。

用的力气，自然会更多。

过了一会儿，有人把水闸门关上了。

可是，大多数鱼还是像原来一样，继续转着圈。

小孩问，为什么水不流动了，鱼还是在转圈？

爸爸说，鱼自己并不知道是在原地转圈。

也许它们还觉得在一直向前游呢。

其实，这时候，水流已经不重要了。

一群鱼游动造成的小水流，

让每条鱼都忘记了圈外的水流。

圆圈，没有头，也就没有尾。

每条鱼，旁边鱼的方向，就是自己的方向。

不需要自己去判断方向。或者都觉得，方向不重要。

小孩问，那它们会一直这样游下去吗？

爸爸说，会继续一段时间，但不会一直下去。

小孩问，为什么？

爸爸说，因为总有一两条鱼，

首先发现外面的水流有了变化。

或者，可能因为其他原因，

比如一阵风，或者一场雨。

下车

小孩和爸爸坐大巴去动物园。

车上人多，路上车多。

突然，司机猛踩刹车。车上乘客齐声惊叫。

原来，差点发生了追尾事故。

大巴司机马上冲下去，跟前车司机争执起来。

双方情绪激动，言辞激烈，甚至推搡起来。

爸爸说，走，我们下车。

小孩有点犹豫，但还是和爸爸下了车。

小孩问，我们还没到动物园，为什么下车？

爸爸说，坐这样的车太危险。

小孩问，为什么危险？

爸爸说，其实，刚才只是虚惊一场。

他应该庆幸没有发生真的追尾，

而不是马上下去跟人争执。

他自己开得太快，反而怪别人停得太快。

这个司机太不冷静。

他再继续开车的话，心里肯定还会愤愤不平。

司机心不在焉，就容易发生更大的交通事故。

有时候，一些人的情绪，可以决定很多人的生死。

我们随时要思考，是不是正处在这样的情形中。

如果是，就要用行动来避免。

小孩问，别人为什么不下车？

爸爸说，危险，不是每个人都能提前发现。

很多人就算发现了危险，也不会有任何行动。

因为危险还没有真的发生。

小孩问，为什么不告诉其他人？

爸爸说，避免危险，需要付出额外的代价。

不是每个人都乐于接受这个代价。

小孩问，那，我们怎么去动物园？

爸爸说，前面只有两站路了，就走着去吧。

也许下一班车还没到，我们已经到了。

小孩说，如果真的没有发生危险，

我们就比车上的人慢了。

爸爸说，慢一点儿没关系，看到的动物还是一样。

其实很多时候，比较快慢先后，是不必要的。

因为快和慢，只是暂时的。

想快，不一定真的能快。

慢，也不一定真的会慢。

小孩说，先到的人，也不一定能看到孔雀开屏，对吗？

爸爸说，太对了，就是这个意思。

一个人，一辈子，要上很多这样的车。

车是别人的，方向盘也在别人手里。

但，在哪里下车，我们要自己决定。

觉得该下车的时候，一定不要犹豫。

最快乐的人

最近，小孩喜欢问这样的问题：你什么时候最快乐。

邻居家来了一位老爷爷。胡子花白，戴白头巾。

老爷爷喜欢搬一把小椅子，

坐在楼下的小广场上晒太阳。

老爷爷笑眯眯地跟小孩打招呼，陕北口音，

要爸爸当翻译。

小孩问，爷爷，你什么时候最快乐？

爷爷说，我现在就最快乐啊。

有阳光，还能跟你这样可爱的娃娃说说话。

小孩又问，那，你在老家的时候呢？

爷爷想了想，说，在家里最快乐的时候，

就是在山上一边看着我的羊，

一边晒着这样的太阳。

羊差不多吃饱了，我也饿了，我就回家吃饭了。

那，你是唱着信天游回家吗？小孩问。

呵呵，有时候唱，老爷爷笑了。

离开老爷爷，小孩问爸爸，

为什么老爷爷觉得晒晒太阳就很快乐呢？

爸爸说，那是因为老爷爷心里宁静。

心里有宁静，才有宽敞的空间，让阳光照进去。

小孩说，宽敞得就像邵思聪家的大房子吗？

爸爸说，不管有多大的房子，

也比不上有一颗宁静的心。

阳光人人都喜欢，

可不是每个人都有老爷爷这样享受阳光的心情。

因为很多人，他们的心里，他们的一生，

都被跟阳光没有关系的东西占满了……

再次路过的时候，

小孩执意要将刚买的棒棒糖送给老爷爷。

老爷爷胡子在笑，眉毛也在笑。

符 号

晚上睡觉前，小孩躺在床上。

一直没完没了地问为什么。

爸爸说，睡觉吧，别说话了。

小孩说，该打句号了，对吗？

第二天早上，小孩说，爸爸，我好像梦了一个梦。

爸爸问，"梦"了什么梦？

小孩想了想，说，记不清了，好像变成省略号了。

小孩看见两个人坐在路边吃东西。

满地都是瓜子壳。

小孩说，爸爸，那是打叉的行为。

爸爸问，怎样才不打叉？

小孩说，把瓜子壳放到袋子里。

爸爸说，他把地弄脏了，也是把自己的脸弄脏了。

小孩问，为什么？

爸爸说，因为他的脸上，被画了很多叉。

小孩问，用什么画的？

爸爸说，路人的眼睛。

邵思聪的奶奶去世了。

邵思聪家每个人胳膊上都有一块黑纱。

小孩问，爸爸，人去世了，就像五线谱，

画上终止符了，对吗？

爸爸说，对啊，人的生命，就像一首乐曲，

总有停止的时候。

小孩问，那，可不可以也像乐曲一样，

加上反复记号？

爸爸问，为什么要加反复记号？

小孩说，加了反复记号，

死去的人就可以再活一回了。

爸爸说，人的反复记号，不是在曲谱上。

小孩问，在哪里？

爸爸说，在亲人的回忆中。

小孩问，那，反复记号上为什么有两点？

爸爸说，那是亲人的眼泪。

声 音

1

睡觉前，小孩要爸爸讲故事。

爸爸问，用什么开头？

从前，还是，在很久很久以前？

小孩说，用从前吧。

爸爸说，好吧。从前——

所有动物，包括昆虫，都不会发出声音。

它们只能听到风声，雨声，雷声。

所以那个时候，能发出声音，是动物们的梦想。

一天清晨，老鼠在一个山洞口发现了一个东西。

说是个东西，又不是个东西。

因为这个东西的颜色和形状总是变个不停。

一会儿红色，一会儿黄色，一会儿黑色……

总之，是你可以想象出的各种颜色。

一会儿像圆形，一会儿像椭圆形，

一会儿像正方形……

总之，是你可以想象出的各种形状。

老鼠喜欢吃，以为又是什么可以吃的。

谁知道，用嘴一咬，这个东西就发出了"唧"的声音。

老鼠喉咙一阵发痒，也发出了"唧"的声音。

老鼠发出的这个声音很响，把自己吓了一跳。

原来，这个东西就是声音的源头。

2

老鼠的声音，把很多动物都叫醒了。

大家都跑过来，围成一圈。

每到分东西的时候，总是老虎最有比画权。

因为当时，所有动物还不会"说话"，只能比画。

老虎比画的意思是，要按体形大小，来分声音。

因为，当时在场的，只有老虎体形最大。

大家都知道老虎的厉害，只能这样了。

不管分多少，反正有声音比没声音好。

谁来分呢？鳄鱼的嘴最大，牙齿像把刀，

老虎就指定由鳄鱼来分。

当然，第一个分到声音的，是老虎。

鳄鱼咬下去时，正好，声音的形状是椭圆形的，

颜色是血红色的。

老虎就得到了跟自己身体一样大的椭圆形声音。

所以，老虎的声音，听起来是重重的，椭圆形的。

听到老虎的声音，就像看见了鲜血。

大家发现，给老虎分完声音后，

原来那块声音又长大了。

大家都不急了，就按顺序来分。

老虎旁边，是狼。狼分到了 S 形的墨绿色声音。

所以，夜晚狼的嚎叫，听起来，总是拐弯抹角的。

接着，狗，分到了三角形的灰色声音。

狗汪汪汪的叫声，都是三角形的，

大头在前，尖角在后。

知了，分到了直线形状的白色声音。

所以，知了的声音，听起来很长，

但很苍白，没有分量。

蚊子，分到了黑色的波浪形的声音。

当然，蚊子的声音很小，总是一波一波，没完没了。

3

后来，大象和牛也来了。

大象和牛，对什么事情都不在乎，慢腾腾的样子。

老虎看到比自己大的动物来了，

于是马上决定改变分声音的规则。

老虎可不希望有谁的声音超过自己的声音。

新的规则是，要按照身体上的毛发多少来分。

轮到牛了，老虎要牛说出自己身上有多少牛毛。

牛哪里数过自己身上的毛啊，再说，也数不清啊。

牛虽然很委屈，也不争辩。

它知道，有些时候，争辩是没用的。

再说，只要能发声音就好，

非要那么大的声音干吗？

牛心里惦记着还要回去干活呢，

干脆就摇摇头，意思是不要了。

老虎不同意，说，如果你不要，

显得老虎做事不公平。

牛就比画，意思是，那就随便吧。

鳄鱼就用牙齿作了一个咬的动作，

给牛咬了很小的一块声音。

所以，牛只知道干活，很少发出什么声音。

4

轮到大象了。

可是，大象身上哪里有多少毛啊。

所以大象也只从鳄鱼嘴里拿到一点点声音，

几乎跟没有似的。

不过，大象知道自己的力量，不在平时声音的大小。

只要自己存在，存在本身，就是力量。

所以，大象若无其事地来了，又若无其事地走了。

总之，所有来过的动物都分到了声音。

只有那些没有得到消息的动物，没有分到声音。

比如蛇、蜗牛、蝴蝶、螳螂，等等。

所以这些动物，都不会发出声音。

最后，轮到鳄鱼给自己分。

鳄鱼想，这下好了，终于轮到自己了。

于是，狠狠咬下去，想把声音全部分给自己。

可是，因为用力太猛，牙齿碰撞，产生了火花。

只听"轰"的一声，声音燃起来，很快就烧光了。

只在鳄鱼的牙齿缝里，剩下了一点点声音。

所以，我们在动物园看到的鳄鱼，总是静静的。

而且，总是不愿意抬起头来。

因为它正在为自己的贪心，感到后悔呢。

水里有个球

1

小孩睡觉前，有个特别的习惯。

喜欢在肚子下压一个皮球，滚来滚去。

这是一个橙色的，不需要充气的球。

球被压瘪后，又会自然地鼓起来。

小孩一边压着球，一边说，爸爸，给我讲个故事吧。

爸爸说，好。这次由你选择讲什么吧。

小孩想了想，拍拍身下的球。

爸爸说，行，就讲一个球的故事。

有一天，有个水塘里，浮着一个皮球。

皮球是从哪里来的呢？

可能某个小孩儿，是个马大哈。

在水边玩累了，走的时候，忘记拿回家了。

也可能，是从天上掉下来的。

谁说其他星球上，就没有贪玩的小孩儿？

2

皮球在水面轻跳了几下，水面泛起了波纹。

于是，水皱着眉头，对皮球说，走开！

球赶忙说，对不起，我不是故意的。

水说，本来我是平平的，是你把我弄皱了。

球摇摇头，不是我，是风。

我想静的，可是风不让。

人不是说，"树欲静，风不止"吗？

我这里，是"球想静，风不让"啊。

所以，你别怪我啊。

水，本来一向挺大度的。

不知怎么啦，那天，也不依不饶起来。

可能是那天，有人往池塘里乱扔石头，

把心情搞坏了吧。

水说，你看，我这么宽，要全部平下来，容易吗？

球觉得委屈，也觉得水今天有点无礼。

于是，球说，你宽，你有海宽吗？

你平，你以为你真的就很平吗？

水有点蒙了，从来没有谁问它这样的问题。

水说，我是没有海宽，可是，你为什么说我不平呢？

你说镜子、玻璃不平，我还信，

说我不平，我就不能相信了。

因为，镜子和玻璃的制造，

都是从我这里得到启发的。

而且，人也经常使用"水平"这个词。

难道，这不能说明我们水本来就很平吗？

3

球说，好吧，我告诉你吧。

这个世界上，没有什么东西是真正的平。

不但包括镜子，包括玻璃，也包括你们水在内。

你是身在水中，不知水外啊。

你知道吗？

从远处看，比如从月亮上看吧，地球是个球。

只不过地球这样的球，体积很大。

我们这些小球，都把地球叫大哥。

你们水，只不过是地球表面的一部分。

也就是说，你们只是球面的一部分。

你能说，你是真的很平吗？

你别看我小，我再小也是个球呢。

有地球这样的大哥，让我们球类感到自豪。

水觉得球说的有道理，但心里还是觉得不愉快。

水说，如果这么说，你以为你就真的很"球"吗？

你也是身在球中，不知球外啊。

真的球，表面应该是光光的。

而这点，只有靠我们水，你们球才能做到。

地球为什么看起来很光滑，是因为有广阔的海洋。

虽然，海洋上有波浪，

但是波浪再不平，也没有山高。

所以，我们池塘中的水，

也为有海洋这样的大哥感到骄傲呢。

球觉得水说的有道理。

仔细一看，自己的身体真的很粗糙。

表面不像水面那样光滑。

加上被调皮的小孩反复挤压，都有点变形了。

于是，球有点自卑起来。

很久没有说话。

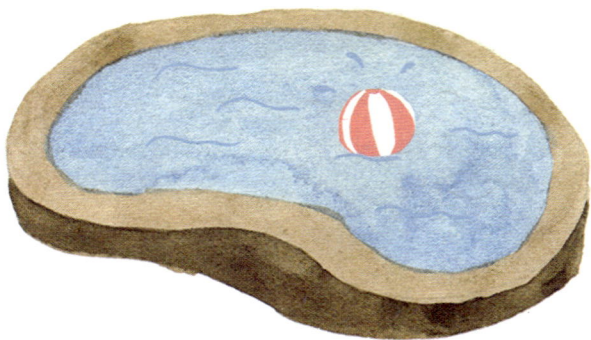

水和球说的话，本来没有人听见。

可是，刚好岸边有只小鸟听见了。

小鸟把自己的看法，谱成了歌，在岸边唱。

歌词的大意是——

都有理呀都没理呀，都很对呀都不对呀。

水，怎么说还是水，真的很谦虚。

听到小鸟的歌声，也就慢慢安静下来。

4

安静下来，水和球都思考起来。

水对球说，刚才小鸟唱的对。

其实，有些问题不能这样看。

这个世界，从来就没有绝对的东西。

假设有绝对的东西，也不是具体的，真实的。

比如你们球，表面虽然没有绝对的光，

但是，并不影响你们成为球的样子。

我们水，也是依附在你们地球大哥的表面。

所以，水和球，也算是有缘分的。

球也说，是啊，我也在想呢。

如果按照我的说法，这个世界，

不但没有平，直也没有了。

就说光线很直吧，照到你们水的表面，

它们也会变弯。

而且，就算光线很直，可是有谁能把光线拿起来？

而你们水，却可以被捧起来。

你们水，确实是最真实的，最大的平。

未和来

1

睡觉前，小孩又要爸爸讲故事。

爸爸问，你喜欢用什么开头？

小孩问，为什么老要我选开头？

爸爸说，因为故事的开头，好像是相同的，

结果却完全不同。

而且所有的故事，总是需要有个开头的。

没有开头，哪里有结果呢？

小孩说，那我就选很久很久以前吧。

爸爸说，好吧。不过，这次是很久很久很久以前。

虽然只说三个很久，但实际上需要几百个。

因为，实在太久太久了——

那个时候，所有的东西，跟现在的都不一样。

树不同，人不同，动物也不同。

因为树上，总是结满了面包，巧克力，

汉堡包之类的东西。

当然，不像今天的形状，但是味道差不多。

也可能，形状、颜色、味道，比现在的都要好。

就像鲜花一样，而且到处都是这样的树。

人饿了，伸手一抓，就能吃到香喷喷的食物。

动物也一样，饿了，只要仰仰脖子，就可以吃饱。

那时候，也没有一年四季。

每天都是春天，到处开满鲜花。

2

可是，尽管这样，还是有人哭。

有一天，有两个小孩，一男一女，哭得很伤心。

他们为什么哭呢？

因为从那天起，他们成了孤儿。

这个说来话长，要慢慢说。

既然那个时候，人跟现在的人不同，

为什么还叫人呢？

因为他们也会说话。动物，当然不会说话啦。

可是，就是因为这个区别，

人就认为人本来比动物高级。

虽然，树上的东西总是吃不完。

但还是有些人，不许动物从树上吃那些面包花。

他们派人把这些树看护了起来，不许动物靠近。

有几匹斑马实在饿极了，不想就这样死去。

因为它们不会说话，只能用动作表示不满。

就用最后一点力气，踢了看树人几脚。

后来，连最温顺的梅花鹿都加入了进来。

人和动物的冲突，越来越激烈。

本来斑马和梅花鹿，并没有想到要人死。

可是，最后它们实在没有力气了。

在倒下死去的时候，它们的身体把几个人砸死了。

以梅花鹿的温和脾气，它是不愿意把人砸死的。

可是，谁也无法避免死亡本身的力量。

所以，好些动物和人，都在冲突中死了。

有死亡，就有孤儿。

人的孤儿，动物的孤儿。

这天，两个孤儿，哭得死去活来。

哭得都没有力气了。

人不快乐，吃饭就没有意思。

所以，连树上的面包花，都没有心思吃。

他们在一棵大树前，坐了下来。

身体越来越虚弱，眼前开始模糊起来。

3

两个孤儿不知道，这棵大树是一棵神树。

这棵树笔直笔直的，神就一直住在上面。

神已经在这里等了几千年了。

他的使命，就是等待这两个孤儿的到来。

他要给他们几样东西。

还要把一些话，告诉他们。

两个孤儿在迷迷糊糊中，听到一个声音——

人的孤儿啊，我要告诉你们。

很多年后，人可能会在这个星球上消失。

如果你们知道一些真相，也许可以避免。

但是这些真相，需要你们自己努力才能获得。

这是两把铲子和两杆秤。

用这两样东西，你们可以找到我。

找到我，也就找到了真相。

但是，你们会花漫长的时间，吃很多苦。

不过，我将给你们无限的生命和力量。

而且在任何地方，都会给你们光明。

你们两人必须分开，

到相距大约一千座山的地方去。

出发后，就不能回头。

否则，你们的力量就会消失。

你们会立即见不到光明。

然后，会在黑暗中慢慢死去。

你们死了，人类也就永远死了。

当你们用这杆秤，可以秤自己的时候，

就到我的家了。

可怜的孩子啊，我等着你们的光临。

4

神说的话，总是让人听不懂。

因为神，总是相信人的智慧。

两个孩子醒来，共同回忆刚才的梦。

发现，地上真的有两把铲子，两杆秤。

而且，真的感到精力很充沛。

可是，要去哪里，才能找到神的家？

他们看着地上的铲子和秤，

坐在原地想了三天三夜。

他们觉得，不能等待了，要马上出发。

故事讲到这里，还没有说出这两个孤儿的名字。

名字，对别人总是很重要的。

自己无所谓，因为自己就是自己。

可是，如果没有名字，别人怎么称呼呢？

所以，我们就把男孩叫"未"，女孩叫"来"吧。

未，翻过了六百多座山，已长成了一个小伙子。

来，翻过了四百多座山，已长成了一个美丽的姑娘。

他们想，神是要我们从相隔一千座山的地方出发。

估计现在差不多超过一千座山了吧。

也许现在才是真正的起步？

这时候，未才发现，秤没有秤砣。

于是想站起来，去周围找找。

来也跟着未站了起来，向相反方向走去。

可是，刚迈出第一步，就想起了树神的话——

不能回头，不能回头。

所以，这一步，就是未和来分开的第一步。

既然不能回头，就只能向前走。

否则，就只能原地兜圈子。

这样就永远找不到秤砣。

于是，他们越走越远。

未和来，边走边想。

走着，想着，想着，走着……

5

不知不觉，已经过了十年。

人的思维，每向前走一小步，总是那么艰难。

在未想到的同时，来也想到这里了——

神给了我们铲子，到现在，铲子还没有使用。

铲子，是用来铲土的。

也许，一铲子铲下去，就能找到秤砣？

未和来，几乎同时行动起来。

第一铲子下去，是土。

第二铲子下去，还是土。

第十铲子下去，有块石头。

但，石头的样子，一点儿也不像秤砣。

不知不觉，已经铲了几千铲了。

地上，已经有了一个坑。

未和来，抬起头，打算从坑里出来。

只有出来，才能继续去别的地方铲。

刚跨出一条腿，突然，想起了树神的话。

不能回头，不能回头，不能回头……

于是，他们就继续铲。

累了，就休息。

休息一会儿，就继续铲。

坑，越来越深，坑，变成了洞。

他们先是看不见太阳。

然后，看不见白云。

后来，看不见天空，也看不见星星。

6

未想，既然在梦里，没有看到秤砣。

也许，神根本就没有把秤砣留下。

也许，这根本就是一件不可能完成的事情。

但是，来不及了，来不及了。

洞，实在太深太深了，已经回不去了。

慢慢地，未有一种感觉，发现铲土不是那么费劲了。

因为，长时间的劳动，已经使他变得非常强壮。

他还惦记着来，不知道来的情况，怎么样了。

神的意思，是要我们都见到他。

那么，见到神，也就见到来了。

不知有多少次，来都想放弃。

在心里问过无数次，

为什么神要把这件事交给一个女人。

她流过很多次眼泪。

但每次在心里，都会生出感恩之情。

因为，她想起了神给她的光明，和无尽的生命。

想起人类的未来，就在自己的手上。

她就想象，每次铲起来的都是一颗种子。

无数颗种子，在身后发芽，开花，结果。

虽然，她不能回头看，但她确信这一点。

所以，她感觉的辛劳，总是暂时的。

因为，美丽的希望的种子，已经种在她心里。

他们不知道外面刮过多少次风。

也不知道下过多少次雨。

只知道辛勤地铲着，铲着。

他们忘记了自己，心中只有人类的未来。

转眼就过去了几万年。

7

有一天，未一铲子铲下去，铲子不见了。

未赶紧摸了一下背上的秤，还好，秤还在。

未不能铲土了，只好把秤取下来。

他突然发现，秤杆没有重量了。

松开手，秤杆也没有从手上掉下去。

他欣喜若狂，抓着秤钩，秤杆一动不动。

他高兴地笑起来——

我可以秤自己了，我可以秤自己了。

就在这时，未听到了一个女人的声音——

未，是你吗？你听见我了吗？

未赶紧用手刨，只刨了一下，

就看见了一个美丽女子。

未一下子惊呆了——你就是来吗？

未和来，手握着手，泪水模糊了双眼。

直到这时，他们才互相从对方身上发现，

他们都没有变老。

8

欢迎你，人类的孤儿——

一个熟悉的声音传来。

你们的意志和信念，终于让你们找到了我。

这里，是这个星球的中心，也是我的家。

在这里，你们没有重量。

你们的重量是零。

所有东西的重量都是零。

所以，你们手上的秤，不需要秤砣。

这就是我要告诉你们的真相。

这个真相跟人有什么关系？未问。

孩子，这个星球上，所有的物体，

都被从我这里发出的力牢牢地吸引。

所有的物体，都以我为中心。

你们站着的时候，以我为中心。

睡着的时候，以我为中心。

鸟儿在天上飞，以我为中心。

马在地上跑，鱼在水里游，也以我为中心。

你们所有的人，所有的生命，都没有别的中心。

虽然，你们从相隔一千座山的地方出发。

到达的，却是相同的中心。

如果不是我，你们都会从星球上飞出去。

人会飞出去，动物会飞出去。

开面包花的树，会飞出去，

甚至，空气和水，也会飞出去。

那样，你们都没有了家，也没有了可以吃的食物。

所以，共同的中心，才让你们有了共同的家。

你们要互相爱护，要一起生存。

我给你们的光，是所有先人智慧的光。

如果没有这些光，我这里什么都看不见。

现在你们要回去了。

你们要把身上的光，带到你们出发的地方去。

秤，就留在这里吧。

也许这样的秤，你们不再需要了。

因为，我希望你们告诉你们的后人。

考虑自身利益的时候，不要用自私来衡量。

也不要只用公平来衡量。

更要学会用爱来衡量。

人和人之间，生命和生命之间。

9

未和来，踏上了回家的路。

路虽然漫长，但毕竟是回家的路。

他们走的是来开辟的那条路。

他们惊喜地发现，一路上，果然长满了树。

树上，开满了鲜花。只是没有面包花。

有的树上，还长满了果子。

只是没有汉堡包味道的果子。

虽然去的时候，花了几万年。

但出来的时候，很快，只用了不到一年的时间。

从这条路出来，他们发现，地球上所有人都没有了。

动物也没有了，植物也没有了。

可能，人和动物之间发生过更大的冲突。

也可能，开面包花的树，被吃光了。

总之，一切生命都没有了。

未和来不再像孤儿那样哭泣，而是打算从头开始。

他们从回来的路上，采了很多种子种在地上。

慢慢地，地球上又有了植物。

有了植物，慢慢地，也就有了动物。

未和来，也有了自己的儿女。

刮过无数次风，下过无数次雨。

地球上，逐渐变成了今天的样子。

10

现在，地球上为什么有一年四季？

是为了让人们知道季节的冷暖，就是生命的冷暖。

在自己温暖的时候，

要考虑其他人是否处在寒冷中。

现在，为什么没有开面包花的树？

是因为，只有经过辛勤劳动，人们才更加懂得珍惜。

只有懂得珍惜，才可能幸福和快乐。

未和来回来走的那条路，就是生命的路。

所有的生命，都是从共同的起点出发的。

我们每个人都走过，只是我们不记得了。

动物也走过，可能动物们也不记得了。

因为，那是一条幽暗漫长的路。

虽然开满鲜花，生命之初，却无法看见。

千年万年前的星光

夏夜，繁星满天。

小孩高兴地背唐诗，

昨夜星辰昨夜风，画楼西畔桂堂东……

爸爸说，我们看见星星，

跟我们白天看见树木花朵是不一样的。

小孩问，为什么？

爸爸说，因为我们看见的星星，

是很多年很多年以前的星星，

是千年万年以前的星星。

那时候，你没有出生，爸爸没有出生，

也许地球都没有出生呢。

因为星星离我们太远了，发出的光，

要跨越很长很长的距离，历经很长很长的时间，

才能到达我们这里。

在遥远的路途上，星星的光芒在逐渐减弱。

但是，因为它们的光芒实在太强了，

所以，还是能照到我们这里，照到千年万年后的空间，

照到我们的眼睛里。

小孩想了想，说，是不是有的星光，

是在李商隐写这首诗的时候，就出发了呢？

爸爸说，对啊，其实，唐诗，宋词，

还有你正在学的钢琴曲，

很多美好的东西，

都像星星的光芒一样，即使历经漫长的时间，

跨越遥远的距离，还能照射到人们的心里，

让人们感觉到它们的美好。

小孩眨着眼睛，望着天上的星星。

好像星星也在一闪一闪眨着眼睛，望着小孩。

附录

爸爸为小孩做的三件事

文 / 赵婕

"做人做到气喘吁吁的时候，便格外想念爱。"

这句话是 20 世纪 80 年代末，我在一篇叫《致红子》的文章中看到的。当时，"少年不识愁滋味，为赋新词强说愁"，我就给男朋友赵洪云取名红子。

红子红子，叫了十几年之后，这个名字的真意方显示出来：

"带孩子带到气喘吁吁的时候，便格外需要另一半的帮助。"

从怀孕到孩子两岁前，我是全职母亲，红子家侄女雪莲也尽心尽力帮助，我也同情红子一个人养家糊口的辛苦，所以，大小事情一概不麻烦他。我去医院做孕检，只要他陪了我一次，也是为给他留个阶段性记忆。医院里等待的时间太漫长，我心软，还让他提前回家了。孩子出生后，他的日常生活也没有改变，就算孩子半夜哭闹，他可以照样睡觉，要看的球赛一场不落。孩子生病，除非半夜去医院看急诊，我和雪莲也是收拾好了一切东西后，才去叫醒他一起走。

那个时候，我有一种模糊的感觉，总觉得会生个男孩子，也许孩子大些的时候，需要父亲的地方会更多。此外，父亲似乎对无法用语言交流的小孩没有母亲那种天然的亲近感，我想我不如先"打上半场"，等交到他手里时，我再歇歇。然后再交换担子，他再歇歇。

不过，在孩子婴儿期，爸爸还是为小孩做了第一件值得一提的事情。

我家给孩子用的是纯棉尿布，纯棉尿布的好处自然不用多说，可是比"尿不湿"不知麻烦多少。因为纯棉布做不到"不湿"，孩子一尿，就必须马上换新尿布，否则孩子会很不舒服。但婴儿尿尿实在没有规律，尤其是晚上。红子就费了一番心思，发明了一个"尿布报警器"。报警器一响，我们就可以马上醒来给孩子换上干爽的尿布。当然，装置虽很简陋，但是好用，让儿子少受了很多次湿尿布的折磨。这个简陋的发明，也算得上是父爱的第一次隆重表达。

儿子3岁多，雪莲结婚走了。

红子在家门口上班，顺理成章"接管"了儿子。小区到幼儿园之间就多了个经常用被单把孩子"半包围"着吊挂在胸前的男人——一个很"土"又很"酷"的形象。

从这时到 9 岁，儿子与红子形影相随，一度被误认为是单亲父子。

大约从 3 岁开始，儿子陆续开始学古诗，学游泳，学轮滑，学骑车，5 岁不到开始学钢琴，等等，幼儿园和小学低年龄段的各种需要家长配合的活动，英语和奥数的学习，都是红子一力承担。我的精力大多花在了工作上。

红子发现儿子有音乐天赋，耳朵分辨乐音很灵。老师也说孩子接受能力强，一首曲子很快就基本学会了。开始一两年，红子还觉得儿子既然"硬件"很棒，坚持练琴自然很容易，但是到了四五级曲目稍微有点复杂的时候，问题出现了，红子通过跟别的家长沟通，逐渐找到了琴童们的一些"共同习性"：练琴本身已经很枯燥，加上在"模糊"中练琴造成反复出错和改错，很快就让孩子们心理疲劳，每天都生活在家长的"号令"声中，往往伴随自尊心受打击和信心挫败，孩子会产生强烈的抵触情绪，甚至会

激怒家长和老师。练琴实在难以坚持。那时候，每一小时，对红子都是煎熬。"坚持还是放弃"，是个看似简单实则复杂的难题：坚持吧，家长和孩子都辛苦；放弃吧，自我否定和家长对孩子的否定造成的心理负面后果几乎会伴随孩子的一生。儿子"砸"琴，罢工，磨洋工，我看着心疼，但无能为力。我几次劝红子让儿子停止学琴，我不想让孩子和全家受折磨，更不想儿子虽然学会了弹琴，但将来一摸钢琴就回忆起童年学琴的痛苦和挫折。

可是红子认为，问题肯定不在孩子身上，关键在于学习方法。学琴本身是个复杂的、很专业的事情，也是需要耐力的事情，但是，音乐"童子功"又必须在合适的年龄培养，否则过了最佳年龄就难以弥补。音乐是纯直觉的艺术，不像其他理论知识或技能，可以年龄稍大再学。所以红子选择了坚持，同时也尝试用一些方法来激发孩子的兴趣和自豪感。比如，红子和儿子一起制作了一个复杂的"核桃计数器"，每天晚上用来让儿子自己计数；一起用打谱软件来自己作曲"玩"音乐。他陪儿子通过音乐卡通小游戏来学习一些音乐小知识。孩子练习前，我们都"隆重"报幕："下面有请著名钢琴演奏家某某表演某钢琴曲。"诸如此类。另外还一起看一些钢琴家题材的电影。这些方法取得了一定的效果，但我们作为家长还是觉得心里很累，因为白天工作很忙，头绪也多，晚上还要强打精神、强装笑脸"表演"各自的角色。

红子在中国科技大学和清华大学学的都是工程，这个过程很自然就让这个"资深工科生"产生了用技术改变学琴方式的想法。他分析了传统学琴方式的利弊症结，也用上了自己多年来所学的全部知识和实干经验，包括从高中时积累下来的音乐知识，还说服了其他专业的几个老同学一起参与研发。当儿子8岁半考完中央音乐学院钢琴7级时，红子的"贝多钢琴陪练机"也发明成功了。儿子本来就喜欢科学，贝多钢琴陪练机从无到有的过程，儿子都看在眼里，每个功能他都成了第一个体验者，也给了爸爸好

多建议。经过儿子一年多的试用，效果非常好，每天弹琴成了儿子的快乐时光。有了贝多的陪伴和帮助，我们终于从"陪练"的痛苦中解脱出来，孩子也体会到了学琴的轻松和快乐。儿子现在练音乐学院9级曲目了（业余最高9级），一首新曲子从不会到会的过程，几乎成了一条没有任何"接缝"的"光滑曲线"。红子把这个专利变成了正式的产品，希望更多孩子的音乐天赋和才能，能够在尽量符合自然人性的条件下得到发掘和培养。

这是爸爸为小孩做的第二件值得一提的事情。

在4岁半到9岁这个阶段，孩子开始问十万个为什么。包括问很多自然科学方面的问题，比如机械啦，电子啦，红子都是不厌其烦地解答。记得有一次带孩子去坐双层公共汽车，从我家到天安门，一个多小时，孩子一路总在"爸爸""爸爸"叫个不停，也说个不停。儿子似乎永远在思考，他对自然界的专注探求，也会让他显出"心不在焉"

的状态。因为思考和探究，他有时候可能把话说到一半就搁在那里，自己去追踪问题，甚至东摸西看，等有了思路，又接着说刚才的话或者另起一个话题。听话的人，包括我，因为无法跟随他的思路，觉得听他那种断断续续的话，很考验耐心。有时候，儿子说话很有思想，但他似乎要藏一部分留给自己，不愿和盘托出，倾听的人也需要体谅。如果是口吃的人说话，你会带着同情心等待，你在心理上可能会有某种迁就他人的成就感，就像你有意扶持一个腿部受伤的人。但我儿子唤起的是另外一种东西，你在他的话语面前无法提供同情心，他给你的是某种并非蓄意的挑战或者惊异，你不仅要接受他的超慢语速或重复语词，还要跟着他的问题和想法，被他的意志牵引。就像一个小孩，拉着你跟他一起奔跑，你要在急切上与之共鸣，但，你还得与他的小脚步频率一致。

　　红子被儿子的问题缠住的时候，有某种奇怪的表情：就是那种捡了一团金线要一点点理顺的心情。他很喜欢儿

子探究事物的热情，对儿子在公共场合每提一个问题要呼叫数次"爸爸"有点不好意思，又最终处之泰然，心里其实还挺满足于那种感觉。

幸好，对于儿子的问题来说，红子是那个万事可解的"周公"。有时候，儿子的问题更会引起红子认真思考，事后才给予专门回答。大约也是在这个阶段，他给我推荐了齐豫的歌《女人与小孩》。他开始写一些分行的记录，把他对世界的别致看法，对人生的安静领悟，传递给儿子，也用书面的形式把儿子童年的精神成长面相保留下来。他把这些分行短文放在一起。有一天我看到了，就用《啦啦啦》为名，替他建了一个文档。我问他为什么把其中一篇短文叫《啦啦啦》，他说因为喜欢，因为"啦"的简谱写作 6，西方音乐理论称中央 C 后面那个"啦"为"标准音高"，频率 440 赫兹，而且"啦"可以用来唱旋律，总之，"啦"在音乐上有重要的位置。当时我就产生了这种感觉——父爱，是父亲给孩子的最珍贵礼物，是这位父亲人生的"标准音高"，这些"啦啦啦"，不就是一个慈爱的父亲唱给他的孩子让孩子回味一生的歌吗？因此，这些文字开篇就是"啦啦啦"……我把《啦啦啦》发给一些朋友看，都很夸赞。马浩楠决意来出版，并命名为《爸爸与小孩》。

这是爸爸为小孩做的第三件值得一提的事情。

天下父母一生为孩子不知要做多少件事。红子为儿子做的这三件事情之所以值得一提，是因为它们也是一般父母为孩子做的三类事情：一是生理上的，一是学习上的，一是精神上的。而这三个方面，都包含着最深沉的父爱和持续的坚韧的行动力。

我为此感谢我的先生，写下这篇序言。也希望儿子了解父亲深藏智慧的爱，并在未来的一生中好好珍惜享用。同时感谢读者来分享这一对父子的生命足迹。让我们互相祝福吧，也祝福我们的孩子。

爸爸与小孩 ②

赵洪云 著

中国民族文化出版社

北京

图书在版编目（ＣＩＰ）数据

爸爸与小孩 / 赵洪云著 . -- 北京：中国民族文化出版社有限公司, 2025. 4. -- ISBN 978-7-5122-1980-9

Ⅰ . G78-49

中国国家版本馆 CIP 数据核字第 2025WQ8387 号

爸爸与小孩
Baba Yu Xiaohai

策　　划：	张晓萍
作　　者：	赵洪云
插　　画：	张　黎
责任编辑：	张晓萍
装帧设计：	姚　宇
责任校对：	江　泉
出　　版：	中国民族文化出版社
地　　址：	北京市东城区和平里北街 14 号（100013）
发　　行：	010-64211754 84250639
印　　装：	小森印刷（北京）有限公司
开　　本：	130 mm×185 mm　1/32
印　　张：	23.625
字　　数：	300 千
版　　次：	2025 年 4 月第 1 版
印　　次：	2025 年 4 月第 1 次印刷
标准书号：	ISBN 978-7-5122-1980-9
定　　价：	158.00 元（全 3 册）

自序

听小孩妈妈说，又要给孩子买衣服了。

孩子的成长，除了身体，还有心灵。从他嘴里冒出来的词汇和想法，越来越令人惊讶，措手不及。

寒来暑往，冬去春来。转眼之间，快上初中了。

忽然想起，男孩的变声期会很快到来，应该给他好好录一段童音，作为他年少时代的特别纪念，永久珍藏。

一个小小孩，在你面前天天长大，令人欣慰。

但是此时，我却有点不舍。每次从电话里听小孩的童音，总是感觉那么纯粹，没有一丝杂音。觉得有点特别，又有点奇妙，忍不住总想多听一会儿。

就算听他说那些这个时代带给他们的无厘头语言，都觉得是一种享受。

不舍的，还有他脑子里那些层出不穷的想法和问题。一会儿显得天真，一会儿显得深奥。沿着小孩的问题去思考，带给我们的往往是纯粹思辨的愉悦，不急不躁，平和沉静。

小孩的童年，也是我们的青年和盛年。

陪伴小孩的成长，我们会重新检视自己的童年，回想童年的幸福与遗憾。在这个过程中，小孩和父母都在成长，也都需要成长。

人生就是这样，和亲密的人一起，作为彼此时光的坐标，互相见证，互相成就。

小孩们天生希望公平。小孩每天都有作业需要他们完成，那么，这本书也就算是我作为一个父亲的作业吧。

我想记录小孩思想的童音，以及这些童音在我思想中

的回声，同时又想借此寄寓一个父亲的期许——

　　希望孩子们都有一个幸福健康的童年，将来成为自由自主的、有思想个性的人。

赵洪云

目　录

谨以此书纪念陪小孩走过的初中时光

学轮滑

1

春节刚过，阳光很好。

平常人来人往的平地上，安安静静。

小孩跟着爸爸学轮滑。

头盔、护手、护肘、护膝，全副武装的样子。

一定要戴这些吗？小孩觉得挺麻烦。

初学的时候，一定要戴啊。爸爸说。

学一个技能，

把自己搞得伤痕累累哭哭啼啼就不好了。

要不然，你以后想起学轮滑，

就想到摔得血淋淋的样子，可能就会伤心呢。

做好充分的准备，哭泣，就不是必需的过程。

2

小孩颤颤巍巍站起来，跃跃欲试。

爸爸说，我们不能先学滑行，要先学摔跤。

摔跤还要学吗？小孩问。

是啊，学轮滑肯定要摔跤。

既然要摔跤，就不要不好意思。

就要摔得勇敢、大方，摔得像模像样。

只要觉得要摔了，就不要勉强支撑。

因为，你越不想摔，可能摔得越严重。

主动摔、会摔，能保证我们不受伤。

摔跤时要这样：膝盖弯曲，弯腰降低重心。

让膝盖先着地，接着手肘着地，然后手掌着地。

小孩不敢让膝盖着地。

爸爸说，那是因为你不相信护膝。

护膝有结实的外壳，里面有缓冲泡沫。

只要我们穿戴正确，我们就要相信它。

你看，我这么大的体重，膝盖重重地着地，

都没有任何问题。

你这么轻的体重，肯定是安全的。

小孩试了一次膝盖着地，果然一点儿疼痛都没有。

于是，反复摔了四五次，摔得高高兴兴。

万一向后摔跤怎么办？小孩问。

向后摔比向前摔更危险，爸爸说。

所以，我们要把重心向前，尽量向前摔。

如果真要向后摔，也要争取用手先扶地，

然后坐在地上。

千万不要直挺挺向后摔，一定要把身体弯曲，

让屁股先着地。

这样就可以保护我们的后脑勺不受伤。

毕竟，我们的头，比任何部位都重要嘛。

3

小孩学会了摔跤，开始学习滑行。

在这个过程中摔了很多次，小孩都没有受伤。

整个过程也就很轻松。

慢慢地，小孩会慢速滑行了。

爸爸说，现在你滑行有些速度了。

这个时候，也是最危险的时候。

所以，学会刹车就很重要。

一方面是避让行人，一方面是保护自己。

会自如地刹车，才能滑得更随心，更踏实。

怎样才能刹车呢？小孩问。

滑行的时候，轮子和地面是滚动摩擦，阻力小。

刹车呢，

就是用阻力更大的滑动摩擦代替滚动摩擦。

所以，刹车就有多种方式。

每一种，都是利用了滑动摩擦阻力大的原理。

最简单的一种，就是利用鞋子后面的刹车片着地。

那高级的刹车方法是什么？小孩问。

高级的啊，就是利用突然转向来刹车。

还有，就是利用轮子本身来刹车。爸爸说。

不过，得先学会单腿滑行，

然后才容易学用轮子刹车。

单腿滑行是个比较高级的技术。

很多小朋友都没有学到单腿滑行的程度。

所以，也就没有学会用轮子刹车。

大多数小朋友的轮滑鞋上，刹车片都一直存在。

刹车片其实是很累赘的，

让两只轮滑鞋重量都不同了。

等学会了轮子刹车，

我们就可以放心地卸下这个刹车片了。

4

那我以后也要学习单腿滑行。小孩很期待的样子。

你这种精神很好啊！爸爸说。

等你学会了转向刹车，

我们就再学单腿滑和倒滑吧。

学习任何本领，我们最好稍稍主动往前走一步。

就跟看风景一样，如果我们的位置稍稍高一点，

看到的景色，

就跟大多数人看到的景色不同。

能够体会的快乐，

可能也就更加有滋味呢。

铅笔

1

舅舅送给小孩一个漂亮的笔筒。

小孩做完作业，收拾书桌，把所有铅笔放入笔筒。

同时还用自动削笔刀，把用秃的铅笔削好。

一个细节，引起了爸爸的注意。

所有铅笔，都是笔尖朝上放置的。

为什么把铅笔笔尖朝上？爸爸问。

笔尖朝下容易折嘛。小孩答。

爸爸想了想，说，真的吗？我们做个试验吧。

于是，小孩把铅笔笔尖朝下放置。

我觉得你还应该抱着笔筒摇一摇。爸爸建议。

小孩摇摇笔筒，拿出铅笔，发现没有笔尖折断。

爸爸说，你看，其实这是一个误解。

铅笔朝下，铅笔尖并不容易折断。

珍惜自己的劳动，爱惜自己的物品，

本来是很好的习惯。

但是，你忽略了一个更重要的问题。

那就是，我们的安全。

可是，铅笔尖朝上怎么会让我们不安全？

我又不是小孩子了。小孩说。

可是，会有小孩来我们家啊，比如你妹妹。爸爸说。

而且，就算妹妹没来我们家，

你自己，爸爸，妈妈，

也可能因为暴露在外的尖锐物品受伤啊。

比如，找东西的时候，突然低头，

比如，半夜到桌上摸索手机。

或者，小孩自己爬到桌上玩耍……

其实，这些情况是列举不完的。

什么叫意外？

意外，就是在意想不到的情况下发生的事情。

否则，那就不叫意外了。

2

儿子，你知道"安全"这两个字是开口音，

还是闭口音？

啥叫开口音，啥叫闭口音？小孩问。

发音时，口型是张开的，就叫开口音。

口型是闭着的，就叫闭口音。爸爸说。

小孩认真读，ān——quán——

安全，应该是开口音吧。

对，就是开口音。爸爸说。

你看，每个人生下来，

第一次说话，都是说的开口音。

喊妈妈，是开口音，喊爸爸，也是开口音。

开口音，都是最容易发的。

"安全"这两个音，也是最容易发的，最容易说的。

可是，最容易说的，不一定就那样容易做啊。

3

我想起那个烧烤摊了，小孩说。

我们每次经过那个烧烤摊，

都会发现有人把竹签扎在树上。

每次见到，你都会把竹签取下来。

跟这铅笔尖，也是一样的道理吧？

可不是嘛！爸爸说。

扎竹签的人，可能有各种原因。

可能是无意识的，也可能找不到扔的地方。

也可能觉得自己有"创意"。

甚至，可能会很"好心"地想，

烧烤摊主人也许会取回再利用。

可是，假如有个小小孩，在路上高兴地跑起来。

小小的竹签，顺着竹签方向看，是那么不起眼。

而这个竹签的位置，

恰恰够得着小孩的头，小孩的眼睛。

这是多么可怕的情景啊！

4

所以，安全，是一种意识，也是一种习惯。

养成这样的习惯，

不但让我们自己的生命更加平安。

更多的时候，可以让别人的生命更加平安。

因为，有些人无意中不假思索的举动，

可能让某些人终身残疾。

甚至更加残酷，那就是，失去生命。

那扎竹签的人，为什么没想到这些？小孩纳闷。

爸爸说，他可能很匆忙，

也可能觉得自己不会受伤，

所以对别人也会是安全的。

也就是说，他可能没有想到跟他情况不同的人。

比如，年龄身高不同，路过的时间不同，

路过的速度不同。

那，情况也太多了吧？小孩说。

当我们把它当成一个重要的问题思考的时候，

确实显得有点复杂。

其实呢，他只要想到其中的任何一个可能，

也就不会把竹签扎在树上了。

因为，让我们产生某个行动的理由，不需要很多。

大多数时候，这样的理由，只需要一个。

当我们考虑到别人安全的时候，

也就不只是习惯了。

那是什么？小孩问。

那是一种品德。爸爸说。

做有品德的事情，好像不都是很难的吗？

小孩困惑。

其实一点儿也不难。爸爸说。

为什么？小孩问。

因为，很多事，我们能主动选择不做，

就是很好的品德了。爸爸说。

$\sqrt{2}$

1

爸爸出差，带回两盒火柴。

这是两盒长棍火柴。

小孩第一次看到真正的火柴，很兴奋。

鲜艳的火柴头，像一只只小眼睛。

小孩在书桌上，用火柴摆各种图形。

三角形、正方形、菱形、田字形……

摆等腰直角三角形的时候，遇到了困难。

爸爸，直角边都是一根火柴的时候，

斜边要几根火柴？

这个时候，斜边的长度不是整数，爸爸说。

直角三角形的边长，有个规律，叫勾股定理。

两个直角边长的平方相加，等于斜边的平方。

平方，也叫二次方，就是一个数自己乘自己。

1 的平方，就是 $1 \times 1 = 1$。

所以两个直角边长平方相加等于 2。

直角边长的平方也应该等于 2。

哪个整数自己乘两次等于 2 呢？没有这样的整数。

所以就产生了一个新的数，写成 $\sqrt{2}$，读作根号 2，

意思是 2 开 2 次方，开方是乘方的反运算。

$$\sqrt{2} \times \sqrt{2} = 2$$

这个斜边的长度应该是根号 2，

也就是说，斜边需要"根号2"根火柴。

2

可是，根号2到底是多少呢？小孩有点纳闷。

你问的这个问题，正是数学奇妙的地方啊。

数学，其实是符号组成的，0到9是符号，也是数字。

其实，$\sqrt{2}$既是符号，也是数字。

只是这个数字，跟我们平常理解的数字不同。

而符号，才是数学的精华、数学的全部。

因为数学计算，数学理论公式，

都最好用符号来表示。

这些符号，反映的是人类智慧的最高水平。

可是，$\sqrt{2}$不能帮助我搭这个三角形。小孩不理解。

爸爸说，纯粹的符号确实不能帮助我们完成具体的任务。

这些具体的任务，也可以叫工程。

要完成具体的工程，

还是要把符号变成连小孩都能理解的数字。

所以，自古以来人们都试图用很多方法完成这样的事情。

这个具体的数，应该是 1.4142135……后面的数字永远

说不完。

也没有人能全部列出来。

3

为什么不能全部列出来？小孩问。

爸爸说，这个数，就是一个没完没了的数。

没完没了，可以一直列下去，这就叫"无穷"。

无穷无尽，是一个多么难以理解的事情啊。

所以，这样的无穷无尽的数，

人们给它起了一个专门的名字，就叫无理数。

无理，就是蛮不讲理，不可理喻。

换句话说就是，"懂了就好，不懂也没办法了"。

哈哈，数学还真好玩，像个淘气包，小孩笑起来。

数学像个淘气包，这个说法还真不错。爸爸说。

所以，对待淘气包，我们也要有对待淘气包的办法。

什么办法？小孩问。

那就是用符号啊，比如 $\sqrt{2}$，

我们在头脑中思考的时候，认为它就是一个数，

而且是一个非常完美的数，

跟 0，1，2 这些具体的数是一样的。

其实，我们看 $\sqrt{2}$，会觉得它比 2 本身更神秘。

比如，我们无法得到 $\sqrt{2}$ 颗棒棒糖，

也无法得到 $\sqrt{2}$ 颗巧克力。

它像一个数，又不像一个数。

看上去，像真的一样，再看呢，又像梦一样。

仿佛我们看彩虹，正因为我们够不着它，

反而会觉得它更美。

4

但是，美有什么用嘛，又不能帮我搭个三角形。

小孩还是想搭三角形。

确实，美的东西，

它的功能一般都不是让我们解决实际问题的。

解决实际问题的时候，只能变通一下。

在这里，我们知道 $\sqrt{2}$ = 1.414……

后面的数，越往后，越不重要了。

所以，我们只需要知道 $\sqrt{2}$ 大概等于 1.4，就可以了。

这叫近似，近似就是一种变通方法。

也就是说，大约需要 1.4 根火柴，

搭出来的直角三角形，估计就非常不错了。

1.4 根火柴？必须把另一根掰断吗？小孩问。

是啊，如果要完成你刚才的这个事情，必须掰断。爸爸说。

我可不愿意掰断，怎么办？小孩说。

如果你舍不得掰断，也有个变通办法。

真的吗？什么办法？小孩跃跃欲试。

就是把 1.4 变成最近的整数，你想想看，

几个 1.4 就是整数了？爸爸提示道。

小孩想了想，说，5 个 1.4 就是 7。

爸爸表扬说，非常正确，

那你明白怎样搭一个直角三角形了吗？

我知道啦，就是把这个三角形放大 5 倍，

小孩恍然大悟。

两个直角边用 5 根火柴，斜边用 7 根火柴。

小孩很快用 17 根火柴搭了一个直角三角形。

他高兴地说，

看起来还真是一个很好的直角三角形呢。

爸爸说，你看，这就是近似的好处呢。

适当的变通，可以帮助我们解决实际问题。

但是，我们也不能满足于一个具体问题的解决。

所以，数学中，$\sqrt{2}$ 就是 $\sqrt{2}$，不是 1.414。

希望把 $\sqrt{2}$ 列举为一个"真正的数"，

就是希望寻找一个最终答案。

这个最终答案，可以说也就是"真理"。

跟列举 $\sqrt{2}$ 的具体数字一样，追求真理本身，

也是一个无穷的过程。

5

真理？真理就好比把 $\sqrt{2}$ 列举成 1.414……吗？

小孩对真理这个词似懂非懂。

爸爸说，可以这么说吧。

到底把 $\sqrt{2}$ 列举到什么程度，

就算接近了最终答案呢？

显然，列举得越多，离最终的"真理"，也就越近。

很多时候，把一个真理具体化，

变成实实在在的东西，总是很困难的。

有时候，需要一个痛苦的证明过程。

为什么是个痛苦的过程呢？小孩问。

具体说吧，假如我们继续搭这个三角形。

我们越想让这个三角形接近完美，等边是等边，

直角是直角。

那么，我们需要的火柴就会越多，

比如直角边要 1000 根火柴，斜边要 1414 根火柴。

我们会花很多钱买火柴，会花很多时间搭三角形。

我们要说服很多人，同意我们这样做，

或者和我们一起做。

我们搭的这个三角形，会变得越来越大，越来越大。

即使这个三角形已经非常大，非常大，

仍然没有到达真理。

最后这个三角形会伸到我们这个房子外面去吗？

小孩问。

就是啊，可能还会伸到银河上去，星星上去呢。

最终，这个三角形必然会变成"无穷大"。

所以，可以这么说，"无穷就是真理"。

或者说，真理，就在无穷的地方。

6

但是，无穷到底在哪里？小孩问。

爸爸说，我们谁都不知道无穷到底在哪里。

甚至，可能连外星人也不知道。

但无穷肯定存在，真理肯定存在。

非要给它一个具体位置的话，也许无穷和真理，就存在于人类的思想中。

人类的思想，看起来微不足道。

和宇宙比起来，就像一根火柴和一间屋子一样。

但是，划一根小火柴，可以把整个屋子照亮。

点

1

初春的下午，空气中透着寒意。

爸爸接到电话，只说出去一趟。

不知到底发生了什么严重的事情。

到了教室门口，看见小孩躺在地上，眼泪横飞。

对别人的任何语言，毫不理会。

面对不可理喻的小孩，

孙老师一肚子的不解、委屈和愤怒。

爸爸心平气和，听孙老师讲发生的事。

另一个老师走过来，语言中带着严冬的气息。

小孩一会儿站起来，一会儿又睡在地板上。

他心中的公平合理，和老师期望的合情合理，严重冲突着。

小孩的世界，在这几个小时里，稀里哗啦地破碎。

跟他的身体姿态一样，只是下沉，下沉。

小孩弯着头，斜靠在墙上。

爸爸走过去，蹲下来，说，

儿子，如果你觉得躺在地上舒服，你就躺一会儿吧。

你这样歪着头不舒服，完全平躺更舒服些。

小孩真的平躺下去。

爸爸看着小孩，不说一句话。

小孩从爸爸的脸上，一点儿也看不出着急的样子。

时间，神奇的时间。

只需要静静过去一分钟。

爸爸说，儿子，还是起来吧，地上太凉了。

拉起小孩，爸爸跟孙老师说再见。

2

爸爸的大手，拉着小孩的小手。

小孩一路上用力地擦着眼泪，

用力地把泪滴摔到地上。

爸爸和小孩不说话，来到路边一个小公园，

在长椅上坐下。

小孩重重地叹了一口气。

爸爸用双手轻轻握着小孩的手。

就这样，过了一会儿，爸爸说，

儿子，你要相信，爸爸是你最好的朋友。

我完全明白你心中的委屈，

要和你一起来面对今天的事情。

我和你，是平等的朋友关系。

我所说的每句话，都不会有批评的意思。

我只是说说我对这些问题的看法。

因为，每个人都会遇到今天这样的情况。

当我们无法让别人理解原谅的时候，

我们就试试去理解原谅别人。

大人，某些时候，也只是小孩。

小孩和小孩之间，可能问题就没那么严重了。

3

慢慢地，小孩呼吸平静了，眼泪也停下来。

爸爸继续说，你看，你生活在一个集体中。

一个集体，就需要秩序，所以就需要管理。

也许，这个管理，对某个人来说，

显得有点夸张，有点严肃。

但也跟我们自己怎么看有关系。

如果我们轻松看待，它就是轻松的。

如果我们看得很严重，它就是严重的。

如果我们认为管是应该的，方法有点过头，

也是可以接受的。

在很多问题上，我们改变不了别人，

就只有改变自己。

当然，改变我们的性格很难，

但可以改变我们的方法。

遇到这些问题，我们可以把心情放轻松一点儿。

老师批评你，你就笑一笑，说，好，明白了，懂了。

虽然你心里有不同的想法，有很正当的理由，

但也没必要马上针尖对麦芒的样子。

老师希望他跟你说的话是有效的，

而不希望撞到一堵墙上。

拳击手，为什么都带着拳套？爸爸问。

小孩说，是防止把对手一拳打死吧。

不完全对，爸爸说。

因为拳套里是海绵，海绵有缓冲的作用。

缓冲，不只是保护对手，

它也能保护我们自己的拳头不骨折。

我们每个人说话，做事，都需要拳套一样的缓冲。

如果你确实错了，你会因为有了缓冲，而反省。

如果老师批评你批评错了，或者有点过头，

老师也会在缓冲之后，去反思。

如果你马上硬顶回去，情况就变了。

这层缓冲，会立即消失。

你如果真的错了，就变成错上加错了。

老师就更加认为自己正确，

对你的批评也更有必要。

你受到的批评，也就会更加没完没了。

4

以后，你可能还会面对批评。

还会面对不理解和不原谅。

所以，你要学会用微笑去面对。

虽然这样做，有点困难，但是怎么办呢？

日子是我们自己的，不是别人的。

过得好不好，只有我们自己知道。

微笑面对批评，可以让我们变得大气。

大人需要大气，小孩也需要大气。

经常微笑的小孩，就是大气的小孩。

很多事情，回头去看，其实都是小事情。

你用过 Google（谷歌）地球，

你看，从太空看这个学校，它就是一个小点。

你在这个点上，还剩下短短两年的时间。

而我相信，你以后的足迹会遍布这个星球。

你可能会去国外留学，

可能会在全世界很多地方工作。

我们要把很多事情，看成一个小点。

我们的心，不要被这一小点给损伤了。

我们前进的脚步，也不要在这一小点上，被缠住了。

这样，我们每向前走一小步，都显得很艰难。

当你回想这些小点的时候，

就会在心里觉得不愉快。

这是多么愚蠢的事啊！

5

所以，微笑，是面对这个世界最好的方法。

用微笑面对批评和指责，

我们可能更容易认清自己的问题。

微笑，表示我们愿意配合。

可以让我们自己轻松，也能让别人轻松。

遇到的问题，可能也就不会层层升级。

不会变得像爬山一样，越爬越高，越爬越累。

微笑，就好像我们身上自带的光源。

它会让我们一生中经历过的每个小点，

在回想的时候都是明亮的。

你们小孩的微笑，甚至可以像镜子一样，

让我们大人回想自己的童年。

把我们大人急迫的内心，变暖，照亮。

这就是微笑的魔力。

小孩逐渐开心起来，脸上也露出了轻松的笑容。

爸爸说，来，我们马上练习一下。

我扮演孙老师，批评你。

（爸爸装作一脸严肃愤怒的样子）

赵小猫，你这样做是不对的。

小孩微笑着说，孙老师，我明白了。

e

1

小孩和爸爸，在楼下小广场读英语。

读完了，就休息聊天。

小广场旁边是居委会大楼。

居委会大门上方，有一个横幅。

横幅上写着"关爱生命，远离毒品"8个字。

爸爸，什么是毒品？小孩问。

爸爸说，毒品很多，我说不全。

就说几个特别有名的吧。

比如海洛因、鸦片、摇头丸，等等。

因为这些物品对身体有毒害的作用，所以叫毒品。

2

鸦片，就是"鸦片战争"中那个鸦片吧？小孩问。

就是啊。鸦片的英文是 opium。

跟 opium 有个很相似的单词，是 optimum。

意思是"最佳的""最适合的"。

鸦片，可能就是 19 世纪英国人认为从中国赚钱的
"最佳的"物品吧。

林则徐可不认为鸦片对中国人是"最佳的"，

所以，就销毁了英国人走私到中国的鸦片，

这也是鸦片战争的导火索。

那，海洛因的英文是什么？小孩问。

海洛因的英文，是 Heroin。

我们知道 hero 是"英雄"的意思。

在 heroin 后面加一个字母 e，就变成 heroine。

heroine 是"女英雄"的意思。

女英雄 (heroine)，往往是我们崇敬的人物。

海洛因 (heroin)，却是我们必须远离的毒品。

两个单词，只差一个字母 e。

3

为什么这么奇怪呢？小孩问。

爸爸说，确实有点奇怪。

因为，好的，不好的，往往只有一个字母 e 的距离。

字母 e，写在纸上，宽度可能只有 1 毫米。

这个 1 毫米，也最容易让我们分不清。

分不清好坏，分不清是非。

意思是说，

海洛因有时候离我们近得就像字母 e 吗？小孩问。

是啊，有时候近得只有 1 毫米，甚至 0 毫米。

比如，假设我们有个朋友，他吸毒。

他可能觉得吸毒的感觉很好，

于是"好心"地递到我们手上。

于是，毒品离我们就是零距离了。

如果，在我们的头脑中，对毒品的认识上，

也只像一个字母 e 那么近，

我们可能就接受了，也吸下去了。

为什么我们头脑中会认为只有一个 e 那么近？

小孩问。

因为，我们没有认识到毒品的害处啊。

比如，我们可能认为，

不就是一点粉末状的东西吗？

不就像一点点面粉吗？甚至比巧克力小多了。

毒害有那么大吗？尝尝味道也不行吗？

再说了，朋友的"好意"，怎么好意思拒绝呢？

他这么"慷慨大方"，我怎么能这么"小气"呢？

所以，当我们认识这样模糊的时候，

我们可能就真的吸了第一口。

于是，就有了第二口，第三口，第 n 口。

4

海洛因真有那么毒吗？小孩问。

爸爸说，我们可以打个比方。

你小时候打过很多疫苗。

有一种疫苗，叫天花疫苗。

这种疫苗只需要打一次，

我们一辈子都不会生天花这种病。

天花疫苗打完，我们的身体没有任何感觉。

但天花疫苗让我们的身体产生了永久的抗体。

这种抗体帮助我们一辈子都能抵御天花病毒。

这是对我们身体有益的、好的改变。

相反的是，毒品，

也能对我们的身体进行类似的永久改变，

但却是非常坏、非常坏的改变。

这种毒，

不是普通的细菌感染或食物变坏的那种"毒"。

爸爸放慢语速，继续说，

这种毒，会让人产生幻觉。

飘飘欲仙，如痴如梦，如醉如狂……

但幻觉过去，人就坠入巨大的虚空之中。

人，就像一棵树没有了根一样，没有着落。

会自然而然强烈希望再次进入这样的幻境。

所以说，它摧毁的，是人的神经系统。

我们的意志，受我们的神经支配。

而我们的精神，来自我们的意志。

坚强的意志，让我们有顽强的精神。

毒品，损伤的恰恰是一个人的精神意志。

一个人没有了精神意志，也就没有了克制的能力。

从此，就走上了一条找不到家的路。

5

为什么找不到家了？小孩问。

因为，一个人的精神，就是一个人的家。

不管一个人多么贫穷，只要有精神，

他就像有家的人一样。

就算没有房子，他也会建一座房子。

但是吸毒之后，一个人就没有了精神。

一旦没有了精神，也就没了家。

就算有家，也会让家倾家荡产，

会让家里的亲人把眼泪流干。

弱

1

小孩在客厅练琴，爸爸在卧室躺着静听。

练了一会儿，小孩推门说，爸爸，我想休息会儿了。

爸爸说，好啊，过来躺会儿吧。

我觉得你刚才的琴弹得挺认真的。

如果弱音还能再弱一点儿，就好了。

尤其是最后那几个弱音。

为啥？小孩问。

你觉得音乐中最好听的是强音还是弱音？爸爸问。

当然是强音嘛。小孩说。

我认为弱音听起来更美，更动人。爸爸说。

一连串的强音过后的弱音，最让人回味了。

古文中有句话叫"余音绕梁，三日不绝"，

意思是，音乐演奏完，感觉屋子里还有乐音在。

弱音正是这种效果，能让人回味无穷。

为什么弱音能让人回味？

小孩问。

因为弱音让人心里更宁静平和，爸爸说。

人在宁静的时候，思想不会躁动不安，

才能够细细体会音乐表现的情感。

音乐，就跟美食一样，

很少有人是在大喊大叫中去品尝美味的。

2

那，强音就不好吗？小孩问。

爸爸说，当然强的部分也好。

强和弱，本来就是同样重要而且一起存在的。

没有强，哪有弱。

反过来，没有弱，哪来强呢？

连续的强音，往往就是为接下来的弱音做准备的。

只有强与弱又对比又配合，音乐才有层次感。

在音乐中，往往是强的部分多于弱的部分。

弱音就显得更加珍贵。

一首曲子，好比一个有生命的身体，

强音是脊椎，突出了音乐的主线条。

那么，弱音，就是这个身体的灵魂。

有了魂，身体里才能充满思想和内涵。

如果说，强音是推动音乐前进的动力，

那么弱音，就是音乐的血脉，为强音提供营养。

所以，你弹琴的时候，一定要认真处理弱音。

3

我觉得弱音不太好弹。

稍微不注意，就强上去了，怎么办？小孩问。

爸爸回答说，所以啊，得小心翼翼，全神贯注才行。

碰到弱的地方，就把琴键当成怕疼的皮肤。

轻轻去触碰，去抚摸。

这些弱音，也就会跟皮肤上的毛细血管一样，

看起来若有若无，好像微不足道，

只要处理好了，音乐就忽然有了神采。

学游泳

1

爸爸教小孩游泳。

戴着游泳镜，小孩小心翼翼把着池边。

爸爸说，我们不用浮力板，也不用手扶池边蹬腿。

我们先学张嘴，就像河马那样，张大嘴巴。

张嘴很简单吧，会张嘴就会游泳。

先把头埋入水里，抬起头来，

赶紧脸朝水面张大嘴巴。

为什么要脸朝水面？小孩问。

从水里抬起头来，头上的水会顺着脸向下流。

脸朝水面，水就不会流进鼻孔和嘴巴里。

记住，游泳的时候，鼻子一点儿作用也没有了。

鼻子就是个累赘，一定要把鼻子"关上"。

你看那些花样游泳运动员，

鼻子都用夹子夹得紧紧的。

游泳时，鼻子"关"得越严越好。

要张大嘴巴呼吸，用最短的时间吸气和呼气。

嘴巴张得越大，越不会呛水。

张大嘴巴吸的动作很简单，小孩很快学会了。

然后，学习在水下憋气。

爸爸和小孩沉入水下，手扶池壁。

互相看着，小孩掰手指头计数。

刚开始，小孩只能匆忙数到 5，就赶紧冒出头来，张嘴呼吸。

逐渐，能数到 10、20、30、40……

在水下能憋气半分钟以上了。

很快，小孩就不怕水了。

2

爸爸说，学游泳其实很容易。

你只要憋着气，想沉入水下都难。

如果你的手不扶池壁，让身体自然放松，

身体就自然会浮出水面。

也就是说，每个人都可以自然浮在水面上。

只要学会在水下憋气，不急着吸气，你就是安全的。

你看，我们憋 30 秒以上，再浮出水面吸气，

也没什么危险。

那为什么有人还会被水淹死？小孩问。

爸爸说，不会游泳的人，没有形成憋气的习惯。

呼吸，是人的身体需要，也有一个习惯的节律。

在水里没有根的感觉，会让他心慌。

心慌，就没有控制力，不该吸气也吸。

所以，人不是被"淹"死的，是被呛死的。

如果肺里的空气呼出来之后吸进去的是水，

人的身体就比水重。

在水下越是着急，我们憋的时间就越短，

呛水的可能性越大，淹死的可能性也就越大。

3

学习游泳，其实就是学习憋气和换气。

学会在水下憋气，在水面换气。

也就是掌握好吸气和呼气的时间。

如果我们憋一口气，就可以把脸朝下，

放心地躺在水面上，

手稍微做一个向后划水的动作，

我们的身体就会前进了。

爸爸示范了一个把头埋在水里划水的动作。

小孩问，游泳为什么要埋着头游？

可不可以一直把头露在水面上游？

爸爸说，作为体育运动的时候，游泳就要求速度。

头埋在水里游，就跟鱼一样，阻力最小，速度最快。

其实，在有浪的水面，头一直露在外面并不好。

这样更容易呛水，一个浪打来，鼻子就会进水。

所以，在有大浪的水里游泳，看见浪来了，

最好赶紧把头埋进水里。

让自己的身体随波起伏，让身体变成浪的一部分。

平静地让大浪从身上经过，然后再抬头呼吸。

两天过去，小孩可以在水里钻上钻下了。

爸爸手里拿一块铜质奖牌，

这是小孩在公园玩攀岩游戏时得到的。

扔到三米远的水下，亮闪闪的，让小孩捡回来。

小孩兴致勃勃，完成了任务。

距离越来越远，四米、五米、六米……

不知不觉，在游戏中，小孩学会了游泳。

4

晚上回到家，小孩躺进被窝里。

学会游泳的高兴劲儿似乎还没过去。

问，爸爸，

你教游泳怎么跟那个游泳教练不一样啊？

因为小孩在池边看过表妹学游泳。

爸爸说，那个游泳教练应该是很专业的，

可能当过运动员。

他可能是用他认为专业的方法在训练小孩子吧。

比如在背上绑上浮力板，让手扶着浮力板游。

他首先希望孩子能在水里体会"游动"的感觉。

因为，游泳嘛，能在水里前进，才是游。

我是从人本身来考虑这个问题的。

游泳，就是人的存在环境，从岸上转移到了水中。

最大的变化，就是人的呼吸条件变化了。

所以，第一步，先要解决的，是呼吸的问题，

而不是游动的问题。

在水里游动起来，其实很简单。

只要动动胳膊，动动腿，就能前进，或者改变方向。

如果学会在水里呼吸了，会换气了，再教动作，

就会非常有效果。

你看，你不用绑浮力板，也很快就学会了。

用的时间还更短，而且是彻底学会了。

你看妹妹呢？ 12 次课上完了吧。

现在背上不绑着浮力板，好像还不敢下水呢。

因为她还是怕水，怕把头埋进水里，怕呛水。

5

你又不是专门的游泳教练，怎么知道这些？

小孩很好奇。

爸爸说，教不会游泳的人学会游泳，也是一种教育，

对吧？

那个游泳教练的方法，

可能对运动员纠正姿势很有效。

但我认为，对教小孩来说，

就是一种直线思维的方法啦。

什么是直线思维？小孩问。

就是直奔目标的意思。爸爸说。

直奔目标的方法不好吗？小孩问。

爸爸答，教育嘛，自己会，可能只是第一步。

在自己会的基础上，进一步思考，才是最重要的。

你还在学钢琴，学奥数和英语。

其实，每一种教育背后，

都有"憋气""张大嘴巴"这样的简单方法。

只是有的方法，可能我们找到了，

有的还需要继续找。

很多好的方法，都是这样的——

看似简单得难以置信，但恰恰是最好的方法。

磁铁

1

小孩在路上捡到一对小耳机。

耳机线已断，小孩却如获至宝。

回到家一会儿工夫，就拆出了里面的磁铁和线圈。

小孩已经收集了各种形状的磁铁。

方形的、圆形的、长条形的……

这次又得到一个圆片状的。

小孩突然想到一个问题。

问，爸爸，如果把磁铁磨成粉末，还有磁性吗？

爸爸说，我们打个比方吧。

磁铁就像一袋大米，表面看是一个整体。

但是拆开袋子来看，

其实是由一粒一粒大米组成的。

每粒大米都是一个小磁铁。

所以，如果我们把磁铁磨成粉末，

就相当于把大米袋子拆散了。

每粒米，都会有磁性。

2

小孩说，我见到的磁铁都是固体的，

如果把磁铁熔化成液体，还有磁性吗？

爸爸说，高温熔化成液体后，

每粒大米就可以自由流动了。

这样的话，每粒米的方向是混乱的。

这些大米互相挤靠在一起，磁力就互相抵消了。

所以，液态的磁铁，是没有磁性的。

那，磁铁加热后，磁性是增强还是减弱？小孩问。

这个问题其实可以尝试用纯粹的思考方法来回答，

爸爸说。

磁铁被加热后，随着温度的升高，

会逐渐从固态变成液态。

也就是说，随着温度的升高，

磁性会从最强变化到零。

这是一个逐渐变化到零的过程。

所以，温度升高后，磁性自然就会减弱。

温度越高，磁性也就越弱。

3

我们在头脑中进行的这个思考，

其实是个推断过程。

就像在头脑中进行了一次实验一样。

这种纯粹在头脑中进行的实验，也叫思维实验。

所有的实验，都可以在头脑中进行吗？

小孩觉得思维实验似乎很有用。

爸爸想了想，回答说，应该是吧。

因为，思维实验，

就是用实验的方法进行的思考过程。

在思考中，其实用了很多以前的概念和结论。

但是，思维实验并不是万能的。

有些实验，因为暂时无法进行真实的实验，

所以只能在头脑中进行。

如果具备了真实实验的条件，思维实验的结果，

最好用真实的实验来验证。

因为，思维实验只是一种推测。

而真实世界是千变万化的，

总有我们意想不到的情况。

4

小孩若有所思，过了一会儿，又想起了手上的磁铁。

接着问，如果把磁铁做成球状，还有磁性吗？

爸爸愣住了，说，我也没见过球形的磁铁呢。

不过，我知道磁铁是怎样制作的。

磁铁的制造过程，也许可以回答这个问题。

磁铁是怎样制作的？小孩显出迫不及待的样子。

其实，前面我们说高温熔化的时候，

就已经是制作磁铁的过程了。

首先，我们把具有磁性的金属高温熔化成液体。

然后，把这些液体盛到一个模型中，

并把这个模型放到一个强磁场中。

让模型中的金属液体慢慢冷却凝结成固体。

也就是说，液体中的那些磁性米粒，

被强磁场慢慢理顺方向并固化。

最后这个固体，就是永久磁铁了。

你觉得这个制作过程，能回答你的问题了吗？

我觉得能回答了，小孩说。

如果这个模型是球状的，

做出来的磁铁就是球形磁铁，对吗？

正确，就是这样的。爸爸高兴地说。

所以，只要我们愿意，还可以做成三角形的，

椭圆形的，环形的，

甚至 U 形的，总之任何形状。

也就是说，具体的形状不重要。

关键是磁铁中的每粒"米"，要"团结"起来，

劲儿往一处使。

每粒"米"都只是一个不起眼的小颗粒。

如果凝聚成一个集体，力量就非常大了，

可以做很多事情。

你看我们这个楼的楼门，

就用到了磁铁的强大吸附能力。

所以，像磁铁这样的一个"集体"，

就称得上有"凝聚力"的集体。

或者说，有凝聚力的集体，就应该像一块磁铁一样。

不要产生内部矛盾，或者说，不要在内部互相损耗。

5

你见过的最大的磁铁有多大？爸爸问。

我见过最大的磁铁，是擦窗玻璃的那种刷子，

里面的磁铁比火柴盒还大，小孩答。

哈哈，太小了，这还算大？爸爸坏笑起来。

过了一会儿，爸爸说，再低头想想看？

干吗要低头？啥意思？小孩似乎发现了啥。

低头看到了什么？爸爸提醒。

地板啊，小孩说。

你如果把地板看穿的话，就可以看到什么了？

哈哈，我知道了，你说的是地球。小孩恍然大悟。

呵呵，就是啊，地球，就是我们见过的最大的磁铁。

所以，我们随时都生活在地球这个磁铁的磁场中。

不只是我们人类，所有生物，

都生活在这个巨大的磁场中。

据说有些生物，甚至用地球磁场来辨别方向。

指南针就是利用地球磁场嘛！小孩说。

对对对，所以，这些生物中也包括我们人类啊。

我们人类喜欢把大地比作母亲。

我们每个人呢，就是母亲怀抱的孩子。

大气层，就好比母亲身上的一件厚棉袄，

给孩子们保暖。

你知道，地球磁场像什么吗？爸爸问小孩。

小孩摇摇头。

地球磁场，就像一件看不见的神奇魔衣，爸爸说。

如果没有地球磁场，

宇宙射线中的带电粒子会直接轰击地球大气层。

有了这个磁场，这些粒子会发生偏转，

能量被大大损耗。

所以，地球磁场，就像一件巨大的神奇披风，

披在地球母亲的肩上。

保护地球上的生物们，能一代接一代，

平平安安，生生不息。

真的无法想象，假如没有这个磁场，

地球上会是什么样子。

6

带电粒子为什么会偏转呢？小孩又有了新问题。

爸爸说，磁和电，是一个整体，磁和电，

只是不同的表现形式。

或者说，就像树与树上的鲜花和果实一样。

有树才有花，有花才有果，

果又可以种在地下，长成一棵树。

电产生磁，比如电磁铁，就是把线圈缠在铁棒上，

给线圈通电后，铁棒就产生磁性。

磁产生电，比如发电机，就是让线圈在磁场中运动，

线圈中就会产生电。

电在磁场中还会运动，比如电动机，

就相当于把发电的过程反过来。

实际上，你拆的这个耳机，

就是利用了电在磁场中运动的原理。

也就是说，利用磁性，还能产生声音？小孩说。

可以这么说吧，只是中间缺一个过程。

变化的电，在磁场中产生变化的动。

而物体振动，产生声音。

从电到声音的过程，

是一个能量形式发生转化的过程。

磁，还能产生艺术呢。爸爸说。

真的吗？为什么？小孩似乎觉得不可思议。

地球磁场把宇宙射线中的带电粒子，

沿自己磁场的方向带到北极。

这些粒子在地球大气中会发光，这种光，叫极光。

极光的颜色和形状，千变万化，永不重复。

所以，艺术不只是我们人类才会创造呢。

极光，就是宇宙这个艺术家，借用磁场这支画笔，

在我们地球母亲的披肩上，彩绘出来的 3D 杰作呢。

可惜我们不容易看到，小孩很遗憾。

是啊，这个"3D 影院"确实离我们很远。

不过，我们可以憧憬，可以向往。

最美的东西，不一定要亲眼看到，亲手摸到。

相信它一直存在，并在心里永远期待，

这也是一种幸福的心态啊。

武器

1

暑假到了，爸爸答应带小孩去军事博物馆。

博物馆里，陈列着各式武器。

各个时期，各种类型。

小到弓箭，大到坦克大炮。

小孩一路小跑，兴奋异常。

看累了，就坐在一个角落休息。

小孩问，爸爸，这些武器都是真的吗？

爸爸说，现代的武器大部分是真的，

古代的武器都是仿制品。

武器都是拿来打仗的吗？小孩问。

爸爸说，现在应该是拿来打仗的吧。

但最早，可能是一种工具，比如长矛用来打猎。

是不是只有人才会用武器？小孩问。

对，因为武器就是工具。

不过，好像动物也用"工具"。

动物也会造工具？小孩问。

不会制造，它们把工具都"随身带着"呢。

比如，尖锐的牙齿、锋利的爪子、体中的毒液……

小孩想起动物世界了，惊呼，毒液！确实。

那些毒蛇简直太凶了，动物的"武器"，

比人的武器厉害多了！

2

好像是。我们人类身上没有尖牙利齿，

身体也没有剧毒。

其实呢，那些大刀长矛，导弹大炮，

就是人类长在身体外的"牙齿"。

小孩插话说，有些生化武器，就是人类体外的剧毒。

可不是嘛！动物的"武器"，

是生物自然进化的结果。

可是，人类的武器，就不是自然进化的了。

人类，本来也是这个自然界的一部分。

可是，有些武器，实在太毒了。

所以，我们说，这样的武器就是反人类的。

其实吧，人类的武器，都是反自然的。

什么是反人类，反自然？小孩问。

反人类，就是让人类退步；反自然，就是违背自然。

武器，是人类互相杀来杀去的工具。

人是自然界的生物，

而武器不是人类生存必需的工具。

也就是说，武器本来就不应该在这个世界存在。

那人们为什么还要制造那么多武器？小孩问。

因为强弱，善恶，征服和反抗。爸爸说。

其实，人类一直都有强与弱，善与恶的矛盾。

善和恶，就是好和坏，好人和坏人吗？小孩问。

善与恶，不像黑白那么简单，那么一清二楚。

可能也不是好人和坏人那么简单。

因为，某个时间，看起来是善的。

几年、几十年、几百年之后，可能就成为恶的了。

或者，反过来，也有可能。

有时候，我们自认为善的，

跟我们对立的一方却认为恶。

也就是说，我们都认为自己是善的，

跟我们对立的一方就是恶的。

3

这么说，很难分清善和恶，是吗？小孩问。

人类越文明，善和恶就更容易分清楚。

符合自然的行为，就是善；

违背自然的行为，就是恶。

互相帮助的行为，就是善；

互相征服的行为，就是恶。

人类，是从野蛮时代进步到现代社会的。

野蛮时代的人类，分不清善恶，

就跟动物分不清善恶一样。

拿蛇来说吧，蛇咬人，可能蛇认为人要攻击它。

其实，人只是从蛇身边经过。

但是蛇的毒液，是蛇唯一的"武器"。

在人看来，蛇不该用它的武器。

蛇咬人的事，多次发生之后，

人和蛇之间就形成了永远的矛盾。

人类自古就认为，蛇是邪恶的。

人见到蛇，总有把蛇打死的想法。

可是，人在打死蛇的时候，人也成为"恶人"了。

因为人，没有站在蛇的角度去理解蛇——

假如我是一条蛇，

我就应该保护自己不被天敌吃掉。

所以，蛇和人之间的误会，

也就成了一个古老的误会。

这种误会不能消除吗？小孩问。

也许无法完全消除，但可以尽量减少。

比如，蛇毕竟是蛇，无法像人一样思考和判断，也无法跟人进行语言沟通。

但是，随着人越来越进步，

也就认清了人和蛇的关系。

蛇有蛇的生存空间，人尽量不要去打扰蛇。

让蛇在自己的天地里自由生存，

这就是符合自然的善。

人和蛇的关系，其实也就是人和自然的关系。

4

人和人之间，就不同了。

你知道人和动物的区别在哪里吗？爸爸问。

小孩说，人有思想，人会说话。

太对了，爸爸说。

因为人会说话，所以，有了误会，

就要多用语言沟通。

人和人之间，一定要互相给予说话的自由。

刚开始，对话可能很激烈，甚至争吵，

但说话，毕竟是人才有的高级能力。

如果动不动就用武力，

人就降低自己成野生动物了。

强的人，要让弱的人有生存的空间。

甚至，强的人要帮助弱的人。

而且，要用他们接受和理解的方式。

不要用武力，强迫别人接受你的思想和观点。

不然，就会掉进征服与反抗，迫害与复仇的旋涡。

在这个旋涡里，都只会下降，再下降。

都无法回到原来的高度，也到不了想去的高度。

最终，都无法成为完全的胜利者。

那，武器用来干什么？小孩问。

你看，武，分开来，其实是两个字：戈和止。

戈的那一撇，在武字中，变成一横，放到顶上去了。

戈和止，或者止和戈，只是简单换了一下顺序。

可是，顺序不同，对武的理解就完全不同。

戈止，表示"用武器来制止矛盾"。

止戈，表示武器的作用就是"停止使用武器"。

不知道中国古人造字时，是怎样理解这个武字的。

但是，人类是越来越进步，越来越文明的。

武器的作用，就应该是不用武器。

也就是说，武器只用来自卫，

但不要用来挑衅和主动进攻。

就像一个人锻炼身体，可以抵御疾病一样。

但是，不要因为自己身体强壮，就去找一个病来生。

如果真有人这么干，不是这个人身体有病，

是他的脑子有病。

小孩笑起来，觉得这个说法有点怪。

所以，真正的强大，首先是不用武力解决问题。

爸爸继续说。

5

你说的好像是国家之间吧？小孩"大胆"地问。

爸爸说，可以是国家与国家之间，

也可以是种族和种族之间，或者，人群和人群之间。

其实，这些道理，在你们班上就能看到例子。

真的吗？为什么？小孩似乎不信。

当然。因为，两个人就是一个"社会"。

班上 30 到 40 人，就更称得上一个社会了。

有些孩子，跟同学发生矛盾，习惯用武力解决。

你看，喜欢打架的孩子，其实内心并不快乐。

用武力解决问题，会让别人受伤。

但别人并不会顺从，心里也不会服气。

喜欢武力的人，

会生活在老师和同学愤怒、谴责的眼光中。

他不尊重别人，也就很难得到别人的尊重。

喜欢武力的人，内心会经常处于失去平衡的状态，

无法宁静。

一个内心无法宁静的人，怎么能认真做事呢？

所以，喜欢打架的孩子，很难在各个方面表现优秀。

确实呢，好像真的是这样哦。小孩说。

小孩似乎在心里已经验证过爸爸的说法了。

6

爸爸继续说，在小学，在中学……

在路上，在街上……

每个阶段，每个环境，可能都会遇到喜欢武力的人。

每个人的日常生活环境，就跟我们的身体一样。

我们所处的环境，就像是我们身体的延伸。

只有这个环境是健康的，我们才会安宁和快乐。

我们手上任何一个小伤口，哪怕擦破一点儿皮，

都会让我们难受。

而喜欢打架的人，

就好像在自己身上开了个大伤口。

看起来自己打了别人，别人受了伤，自己解了气。

其实，受伤最重的，恰恰是他自己。

看不见的伤口冒着鲜血，可惜他自己不知道。

这样的伤口，造成的后遗症，会影响他的整个人生。

鱼和鸟

1

宾馆大堂，有个大鱼缸。

色彩斑斓的鱼，欢快地游来游去。

小孩凑近细看，不忍离去。

小孩问，鱼的鳃为什么不停地一张一合？

爸爸说，其实我们人也有鳃。

人的鳃，并不在我们脸上。

人的肺，就是人的鳃，长在人的胸腔里。

人呼吸的时候，胸腔就跟鱼鳃一样，一胀一缩的。

确实，小孩恍然大悟。

爸爸接着说，人呼吸，是从空气中吸进氧气。

鱼呼吸，是从水中吸进氧气，因为水中溶解了氧气。

鱼鳃一张一合，就是鱼在不停地呼吸。

从通过鳃的水流里面，去吸收氧气。

2

但是，鱼有翅膀，我们没有翅膀。小孩说。

鱼的翅膀，叫鱼鳍。爸爸说。

鱼的鳍，就相当于我们的手和脚。

我们的手脚，就是我们的翅膀，总共四个，对吧？

你看，鱼鳍在鱼的身体下面，也是四个。

为什么这么巧？小孩问。

巧的地方，还不只这些。爸爸说。

你看，鱼的很多地方，跟人一样。

比如，鱼有两只眼睛一张嘴，身体里有一颗心。

鱼的身体里面也有血，鱼的血也是红色的。

鱼有一个脊椎，而鱼刺，就是鱼的肋骨。

可是，<u>鱼有鱼鳞</u>，我们人没有鱼鳞。小孩说。

谁说没有，我们身上的毛发，就是我们的鳞片。

其实，我们人也像<u>鱼</u>一样在游动呢。爸爸说。

为什么？小孩问。

你看，<u>鱼在水里游</u>，对吧？

我们人呢，其实是在岸上游，在空气中游。

水和空气，都是可以流动的物体。

空气中有水蒸气，水中溶解有空气。

也就是说，水和空气，可以互相转化。

<u>鱼</u>，离开水，无法生存。

我们人，离开空气，无法生存。

3

人和鱼，为什么这么像？小孩问。

那是因为，人和鱼，是亲戚。爸爸说。

啊？真的吗？小孩不信。

当然是真的，因为人和鱼，都有一个共同的祖先。

人和鱼，都是这个祖先的子孙。

我们最早的祖先，都是生活在水中的。

他们不断进化，不断适应环境，

从水中生存，进化到适合在陆地生存。

其实，不只是人和鱼是亲戚。

天上飞的，地上跑的，几乎都能找到我们的亲戚。

你看，鸟的翅膀，都是两个，鸟的脚，也只有两只。

我们从来没见过四个翅膀四只脚的鸟儿，对吗？

翅膀和脚，都跟鱼鳍一样，叫四肢。

马、牛、羊、猪，也都长着四肢。

从亲戚远近来说，马牛羊猪，是我们的近亲。

因为它们在更多方面，跟人类更加相似。

4

鸟也是人的亲戚？小孩有点纳闷。

当然是，爸爸说。

可是，鸟会生蛋，人不会。小孩说。

爸爸说，鸟的蛋，就是鸟的孩子。

只是这个孩子还需要在鸟的身体外，

继续发育成型。

而人的孩子，也是从一个蛋变来的。

只是，在妈妈的肚子里，就发育成型了。

后代在妈妈肚子里长大再生出来，就叫胎生。

通过生蛋在体外孵化，就叫卵生。

这两种方式，就跟婴儿在哪里长大一样。

婴儿可以在温暖房子的摇篮里长大。

也可以在野外山间树林里长大。

在温暖房子里，孩子可以顺利长大。

在野外山林，孩子就很危险，随时可能遭到意外。

可是，为什么鸟儿要用生蛋的方式呢？小孩问。

那是没办法啊，你想啊，鸟儿，是要飞翔的。爸爸提示。

我知道啦！小孩欣喜地说，

如果鸟儿用胎生的方式，肚子里的孩子越长越大，

身体会越来越沉，鸟儿就飞不起来了。

太对了，爸爸高兴地说。

5

你知道这叫什么吗？这叫自然选择。

自然选择的方式，往往都是最合理的方式。

人和鸟，本来都来自共同的祖先。

但，自然，又让我们选择了不同的本领。

这就是自然的神奇。

自然这个词，我们会经常说。

你知道什么是自然？

鸟在天上飞，鱼在水里游，就是自然。

那么，我们人，怎样才能做到顺其自然呢？

就是，让鸟儿可以在天空中自由地飞，

让鱼儿可以在水中自由地游。

杠杆与滑轮

1

暑假里，小孩喜欢用妈妈的书，

在客厅搭"多米诺骨牌"。

光着上身，满头大汗，忙得不亦乐乎。

爸爸配合着，搬凳子，搬桌子。

到了多米诺骨牌的最后一个环节。

小孩要用杠杆原理，把沉重的实木椅子掀翻。

在一阵眼花缭乱的倒塌之后，

椅子重重地砸在地板上。

小孩高兴得手舞足蹈。

小孩终于安静下来，问爸爸几个问题。

爸爸，杠杆原理，是阿基米德"发明"的吗？

这里不能用"发明"这个词，应该用"发现"。

爸爸随口提醒道。

我觉得，在阿基米德之前，

人们肯定也会使用"杠杆"这种东西。

只是没有像阿基米德那样，进行数学上的计算。

因为人类早就开始用各种各样的工具了。

杠杆，只是这些工具之一。

也就是说，人类祖先早就会用"棍子"来干活。

知道用棍子撬东西，劲儿大，能省力。

但是，为什么能省力，能省多少力，却不知道。

2

看来，知道为什么的人，还真是了不起。小孩感叹。

为什么呢？这回轮到爸爸问为什么了。

第一个用杠杆的人，没人知道他的名字。

但是，第一个知道杠杆为什么省力的人，

人们就记住他了。小孩解释。

呵，你说得还真对，这也是知识的魅力啊。

爸爸赞叹。

自古以来，对有知识的人，人们都会很敬佩。

因为他们的发现，改变了人类的生活。

拿杠杆这个简单得不能再简单的"棍子"来说吧。

我们知道为什么之后，才会有目的地使用。

在使用的过程中，也才懂得如何去改进。

所以，一个事物背后的原理，总是很重要的。

你能在你平时玩的地方，找个杠杆的例子吗？

我觉得小公园的跷跷板，就像个杠杆。小孩答。

确实，我也想到那个跷跷板了。

杠杆的共同之处，就是必须有个支点。

跷跷板的支点在正中央。

好比 1+1=2，2+3=5，支点就像等式中的那个等号。

两边的重量，看起来外表不同，

比如一个穿短裤的男孩，一个穿花裙子的女孩。

但，如果体重差不多，就能平衡，等式就能成立。

如果体重差别太大，就不能用等号了。

小孩说，就只能用大于号或者小于号了。

3

如果体重不相等，要维持平衡，

就要改变座位和支点的距离。

越重的人，就要坐得离支点越近。

这样，一个体重很小的人，就能在跷跷板上，

和一个体重很大的人保持平衡。

如果纯粹用数学公式来计算,

一个人的体重如果是 200 千克,

另一头是体重只有 20 千克的小孩,

也能在跷跷板上,把这个胖人支撑住,

使他不会从跷跷板上摔下来。

小孩离支点的距离如果是 5 米,

胖人离支点的距离,就只能是 0.5 米。

因为这时候,等式是这样的:

20×5 千克米 $= 200 \times 0.5$ 千克米

两端都等于 100 千克米。这个 100 千克米,叫力矩。

所以,杠杆的原理,用一个数学公式表示,

就是力矩相等。

4

如果把杠杆中这个棍子换成柔软的绳子,

就会产生另一个工具。

你知道是什么吗？

小孩摸摸头，哈哈，我知道你想说什么了，

你想说的是滑轮。

只是，滑轮怎么跟杠杆是一回事呢？

我在机械书上可没看到过。小孩疑惑。

万物都是相通的啊，只是相通的方式不同。爸爸说。

你看啊，如果把棍子换成绳子，

那么，支点就可以换成一个滑轮。

因为这个滑轮的支点是固定的，所以叫定滑轮。

定滑轮改变绳子的方向，也就是用力的方向。

比如，本来要抬起重物，通过定滑轮之后，

就变成下拉绳子。

如果把绳子连接重物的地方，也换成滑轮，

绳子从滑轮上绕过，

让滑轮跟重物一起运动，这样的滑轮，就叫动滑轮。

动滑轮用起来省力。

重物上绕过动滑轮的绳子总共有几根，

就只需要用几分之一的力。

比如，100 千克的重物，上面总共有 10 根绳子，

那么，

我们就只需要用 10 千克的力就能提升这个重物。

一个只有 10 千克力量的小孩，

就能提起一个体重 100 千克的大人。

这也可以用数学公式表示，$10 \times 10 = 100 \times 1$。

也就是说，每根绳子力量之和与重物重量相等。

5

数学、物理、化学等学科中，有很多这样的等式。

比如方程，化学反应方程式，等等。

这些等式，具体形式不同，但表示的都是一种平衡。

跟跷跷板的平衡是一样的吗？小孩问。

实质上是一样的，

只是具体解释或者说法可能不同。

但是，都可以说明，这个世界是一个平衡的整体。

好像有只看不见的手，

在小心翼翼维持着这些平衡。

如果我们强制打破这些平衡，

就会产生不太好的结果。

比如生态平衡，

某个地方的地下水和植被之间的平衡。

甚至有时候，这种平衡，也可以称为公平。

平衡，或者公平，需要我们像认识杠杆那样，

去认识它们。爸爸说。

就是去找到那只看不见的手，对吗？小孩问。

儿子，你太棒了，就是这个意思。

找到这只看不见的手，我们就可以少干傻事。

就算找不到这只手，

但只要我们认识到存在一只这样的手，

我们就不会因为自己的鲁莽或糊涂，

被这只手惩罚。

6

小孩好像突然想到什么，欲言又止的样子。

想到什么啦？想到什么就说出来。爸爸鼓励道。

我觉得一个小孩怎么能拉起一个胖人呢？

似乎可以说平衡，但是不太"公平"。

似乎力气小的人，跟力气大的人，

干活没有什么区别了。小孩说。

爸爸说，所谓的"不公平"，只是表面上的。

你看啊，

假如小孩要把这个胖人拉到 10 米高的楼上，

小孩要拉动手上的绳子 100 米。

表面看，小孩只用了十分之一的力，

却需要拉动 10 倍的距离。

如果换一个力气有 50 千克的人，

那他就只需要用 2 根绳子的动滑轮，

就能拉动这个 100 千克的人，上 10 米高的楼，

只需要拉动 20 米的距离。

因为，把一个 100 千克的人送到 10 米高的地方，

需要 100×10=1000 千克米的功。

因为小孩只用了 10 千克的力，需要拉绳子 100 米，

10×100，也是 1000 千克米的功。

力气 50 千克的大人，只需要拉绳子 20 米，

50×20，也是 1000 千克米的功。

在物理学上，这就叫"省力不省功"。

怎么用力，是方法。做了多少功，才是结果。

当我们说，一个小孩能拉动一个大人，

其实只是注意了一个点的平衡。

但是，把大人拉上 10 米高的楼，

却需要让点运动起来，变成一条线。

一个点变成一条线，需要一个过程，需要一段时间。

所以，我们不能把注意力集中在某个点上，

去思考是否公平。

公平，往往需要一个过程，才能体现。

有时候，这个过程可能会很长。

比如，几天，几年，几十年，甚至几百年。

思 想 的 声 音

1

小孩练一首很抒情的钢琴曲。

正好找到钢琴家的演出视频。

特写镜头中一位老者，

闭着双眼，脸颊两行泪。

爸爸，他哭什么啊？小孩问。

他被琴声感动了。爸爸说。

他能听懂这个曲子里面的故事？小孩问。

爸爸说，这个曲子里的故事，可能没人说得清。

就连作曲家本人也说不清。

如果作曲家真的能够说出这个故事，

这首曲子反而没有意思了。

有些音乐是不需要具体解释的。

那他其实是没听懂，对吗？小孩问。

这样的音乐不是要人听得懂。爸爸说。

音乐本身其实就是一股力量。

这个力量，以波的形式，

通过空气传播到我们的耳朵。

如果我们静静地聆听，安静地感受，

就会触动我们思想中的某个地方。

在思想中产生一种回声。

我们思考，心中好像有个声音在说话。

我们喜怒哀乐，心中似乎也在发出某种声音。

愤怒的时候，心中可能会喊叫。

兴高采烈的时候，心里也会发出笑声。

每种情绪，我们心中发出的声音是不同的。

音乐的声音就会与我们心中的声音发生重叠和碰撞。

我们的心，就像房子一样，和音乐的声音共鸣。

欢快的音乐，会触动我们欢快的情绪。

我们自然会想起欢乐的事情。

忧伤的音乐，就会触动我们忧伤的情绪，

我们就想起那些忧伤的事情。

人类的思想，自古以来，都是相通的。

就跟书上的那些文字一样。

古典音乐，就是思想的声音，一代传一代。

你看，音乐是作曲家写的。

他总是在某种情绪和背景下写出这样的曲子。

每个人经历的事，经历的情感都是不同的。

我们每个听者，也不可能跟作曲家有相同的经历。

演奏者，也不可能跟作曲家有一样的经历。

所以，演奏者需要把这首曲子变成自己的。

2

就好像这首曲子是我自己写的一样吗？小孩问。

爸爸想了想，说，

就好像这首曲子讲的是我自己的事。

比方说，我听这首曲子，就好像从梦中醒来。

可能梦中想起了好多童年的事。

那时候，爷爷奶奶健在，爸爸妈妈还年轻。

爷爷给我讲故事，奶奶背着我去看戏。

现在想起来，我心中还装满了幸福和快乐。

可是，回过神来才想起，爷爷奶奶已经不在了。

爸爸妈妈也已经老了，不再容光焕发。

爸爸头发掉光了，妈妈脸上也满是皱纹。

想到这里，我一下子伤心起来。

这时候，我心中其实是感到幸福的。

但是幸福中，又含着淡淡的忧伤。

所以，我没有爆发喜悦，也没有大声痛哭。

只是，独自在被窝里，眼泪悄悄地流。

小孩听到这里，把头朝向窗外。

爸爸知道，小孩的眼睛已经泪水模糊了。

3

爸爸停了停，接着说，

这种情绪，其实就是生命带给我们的真实情绪。

这样的音乐，也就好像有生命一样。

演奏的人，把自己像水一样融到这首乐曲里。

如果你能弹出自己的这种感受，

那么，听的人，也会跟你有一样的感受。

那位老者一动不动，只是安静地聆听，

感受乐曲传达的情绪。

他流泪了，他自己可能都不知道。

他是不是也想起童年的事了？小孩问。

爸爸回答说，那可不一定。

其实，每个听者的具体感受都不会相同。

但这又有什么关系呢？

就像空气一样，越是清新的空气，

越没有具体的形状。

雾霾和沙尘，反倒容易清晰可见。

只要我们能有幸呼吸到这股清新，

我们的心，就像被雨水洗涤过一样。

我们的思想和精神为之一振，

这就是音乐带给我们的幸福。

完美

1

山头上，很多彩旗在秋风中飘舞。

小孩问爸爸，那些彩旗是什么？

爸爸说，那是藏族人的经幡。

这是藏传佛教的一种文化，

可能是用来祭祀祈祷的吧。

那是什么做的？是布做的吗？小孩问。

可能是布，也可能是丝绸吧。爸爸说。

丝绸？那是不是有点儿浪费？小孩问。

你的意思是，丝绸做衣服才不浪费，是吗？爸爸说。

可能这只是我们外人的看法吧。

我觉得，温暖分两种，身体的温暖和心的温暖。

心的温暖，可能比身体的温暖更重要。

这些经幡，

也许给藏族人带来的就是心灵的温暖吧。

2

我们不了解经幡，那就把经幡看成风景。

你知道世界上为什么存在风景吗？

小孩说，因为有些地方很美，这些地方就有风景。

也对，爸爸说。我认为，大自然是因为有不同，

才有风景。

如果每个地方看上去都是一样的，

那就会单调乏味。

不同的民族呢，也有不同的风俗习惯，

所以这也是人类的风景。

这样的风景，让我们觉得人类生活丰富多彩。

面对大自然的风景，我们会仰望会赞叹。

面对人类的风景呢，我们也应该用同样的心情。

最好不要用我们个人以往的经验去评判。

而是用尊敬的心态，去欣赏。

3

傍晚，小孩和爸爸看演出。

礼堂门口，穿藏族服装的姑娘献哈达，说扎西德勒。

精彩的表演，是有关爱情的神话传说。

绚丽的舞蹈，讲述九寨沟的来历。

掌声，喝彩声，不断响起。

象征吉祥祝福的彩纸飞过，演出结束了。

爸爸和小孩，跟随人群走出礼堂。

天下着小雨，不远处的空地上，篝火在热烈燃烧。

门口一个台子上，叠放着很多哈达。

地上有几条哈达，就要被泥水浸染。

爸爸弯腰捡起来，走过去放到台子上。

小孩也跟着捡起来两条。

4

在回宾馆的车上，小孩问爸爸，

那哈达是别人扔掉的，你为啥捡起来？

爸爸说，哈达是表达善意、尊重和祝福的礼物。

如果游客不想自己留着，

就应该放回那个台子上去。

这样随随便便扔到地上，是一种无礼的行为。

刚才的演出，可以说非常完美。

如果我们把地上的哈达捡起来，

演出就会更加完美。

演出完美不完美，跟我们有关吗？

我们又不是演员。小孩说。

其实，我说的完美，跟别人无关，

而是我们自己的感觉。

美的舞蹈，美的风景，

如果我们不是用尊重的心态去欣赏，也是感觉不到的。

完美，是观众和演员配合，才能完成的。

梯形

1

爸爸从小屋里搬出小梯子，往衣柜顶上放东西。

从梯子上下来，发现小孩正看着梯子。

这是一把小型的铝合金梯子。

小孩对几何感兴趣。

学了三角形，平行四边形。

最近学到梯形。

小孩问，爸爸，梯形和梯子很像吗？

我怎么觉得不太像？

梯子是一级一级的，梯形可不是。

这样看，确实不太像。爸爸说。

不过，如果你只是看一格的话，

每一格就是一个梯形了。

虽然，看起来上下宽度变化不明显，

但肯定上边比下边要窄。

2

我觉得梯形不好看，小孩突然说。

是吗？你这么说，还真是呢。爸爸回答。

梯形看起来确实"不太美观"。

而且，梯形的面积公式也最复杂。小孩说。

为什么复杂？爸爸问。

因为这个公式要用 3 个数，还要除 2 啥的。

我觉得比三角形、平行四边形都复杂。小孩说。

爸爸不知道怎么回答。

想了想说，看起来真是啊。

梯形不好看，而且公式也复杂。

不过，可能换个角度看，就完全不同呢。

我觉得，每个几何图形，都像人一样，

也有各自的性格吧。

比如，有些人给人感觉是方的。

有些人给人感觉是圆的。

有些人给人感觉是三角形，甚至多边形的。

也许，不同性格的人在不同的情况下，

有不同的美呢。

有些场合，可能方一点儿的性格好。

有些场合，可能圆一点儿的性格好。

3

那，梯形是啥性格？小孩问。

爸爸说，我觉得，梯形像个大哥哥，像个兄长。

为什么呢？小孩觉得不可思议。

你看，梯形的"性格"特点，就是上下两条边平行，

但是长度不一样，对吗？

如果梯形把自己上边的边长缩小到零，

就变成三角形了。

如果把上边的边长，加长到跟下边的边长一样，

就变成平行四边形了。小孩抢着说。

可不是吗？爸爸说。

所以，我说，梯形，是三角形和平行四边形的哥哥。

看起来有点儿憨憨的，似乎不太招人喜欢。

它既不像三角形弟弟那样，获得"最稳定"的称号。

也不像平行四边形妹妹那样，身体柔韧无比，

像个舞蹈皇后。

但是，梯形就是梯形，可以出名或者有面子的事情，

就让给弟弟妹妹。

他就踏踏实实，就当梯子上的一个个小小的格子。

让我们可以沿着梯子一级一级，步步攀登。

所以梯形的美，可能不在外部，而在内部。

称它为兄长，最恰当了。

他为人亲和，没有架子，敢于承担责任，有担当。

4

梯形其实不但有内在美，还有领袖才能呢。

为什么呢？小孩问。

梯形，是几何这个团队的领袖。爸爸说。

你看，我们只要记住梯形的面积公式：

$$\frac{（上边长 + 下边长）\times 高}{2}$$

只要把上边长变成 0，就得到三角形的面积公式。

或者把上边长变成跟下边长一样，

就得到平行四边形的面积公式了。

掌握了梯形的知识，

就好像我们找到了几何这个团队的领袖。

跟几何家族的兄弟姐妹们沟通起来，

就没有障碍了。

那，几何中还有圆形呢，梯形也是"领袖"吗？小孩问。

当然。我们可以先在圆的内部，画一个等边三角形，

没问题吧？

逐渐增加边的数量，比如，四边形，五边形，六边形。

就说这个六边形吧，把圆心和每个顶点连起来，

就得到 6 个等腰三角形。

如果继续增加边的条数,

就有 n 边形和 n 个等腰三角形。

最终,当 n 无穷大的时候,就变成无穷个三角形。

所以,圆,是无穷个三角形组合变化来的。

实际上,沿着这个思维方向,甚至能求出圆周率来。

爸爸,你说的方法真神奇啊!小孩感叹。

我感觉,你把几何像串糖葫芦一样串在一起了。

你这个比喻还挺恰当!爸爸笑了。

学习知识,就是要找到那个串糖葫芦的"棍子"。

虽然这个棍子不太好找,但真的有。

找到这些棍子,我们就可能把知识学通学透。

学到这样的程度之后,

知识也就变得跟糖葫芦一样甜了。

5

这里为什么又像 $\sqrt{2}$ 一样，遇到"无穷"了？

小孩奇怪。

对啊，圆周率与 $\sqrt{2}$ 一样，

也需要通过"无穷"才能找到答案。

所以，无穷本身就是真理。

真理，往往在不同的场合，

以不同的形式与我们相遇。

在我们探索的道路上，他就像一个老朋友，

总会在不同的路口，向我们招手。

虽然，道路看起来不太相同，

但是，带领我们前进的往往是同一个真理。

真理，也像一个天使。

虽然在不同的时间，穿着不同的衣服。

有时候可能长着翅膀，也可能没有长翅膀。

但天使，就是天使。

他没长翅膀的时候，

朴素得就像憨憨的"梯形兄长"。

长了翅膀的时候，就会光芒四射，

华丽得让我们惊叹不已。

前排后排

1

爸爸开车，要求小孩必须坐后排。

前排视野开阔，小孩想坐前排，好看城市风景。

爸爸说，小孩只能坐后排，这是规定。

难道这是法律规定吗？小孩不服气的样子。

应该是法律规定吧，虽然不是让人坐牢的那种。

爸爸说。

被交警拦住，可能只是罚款和扣分。

可是，我们从来没有被交警拦过啊。小孩说。

爸爸说，法律，其实就是一些规定，或者规则。

这些规则制定出来，是让我们遵守的，

不是让我们违反的。

也就是说，并不是只有在被警察逮住的时候，

才算违法。

打个比方吧，假如我们生病了，我们头疼发烧。

就算我们没有上医院看医生，

我们仍然还是生病了。

因为，我们头疼发烧，其实我们自己心里最清楚。

有病了，就是有病了，跟有没有去医治没有关系。

2

可是，我坐前排，跟别人有什么关系？

小孩还是不服。

爸爸说，看起来跟别人关系不大。

可是，只要撞车了，不管是怎么撞的，

都不是一件简单的事情。

任何碰撞，都不是单方面的。

而且，别人撞你的力量是多大，

你撞别人的力量就是多大。

所以，可能既伤害自己，也伤害别人。

法律，看起来好像是让我们约束自己从而保护别人的。

或者说，

法律看起来主要是制止人们对别人的伤害或犯罪的。

但，别人的别人，可能恰恰就是我们自己。

所以，如果我们都把别人当成自己来看待，

法律就不是生硬的条条框框了。

你看，法律，就像路口的停车线。

法律规定，红灯亮起时，车辆必须在停车线前停下，让行人通过斑马线。

我这时是汽车司机，这会儿拦住的是我们。

我们感觉等待很烦人，恨不得马上开过去。

但是，换个时间或地点，我们就是行人了。

那时候，汽车司机在停止线后的耐心等待，

就会让我们感到安全。

那，我规规矩矩像大人一样坐着也不行吗？

小孩说。

小孩，为什么是小孩，不是大人呢？

小孩就有小孩的特点，比如爱忘事，

一高兴就手舞足蹈。

像你这样活泼爱动的小孩，

可能给司机增加更多的意外情况，

会让司机有分心的可能。

虽然很少有法律，可以防止人们伤害自己。

但是，保护自己，是人的天性，是所有生命的天性。

所以，抛开法律不管，我们也应该保护自己啊。

你看，小孩体形小，安全带系上也是松松的。

一旦出现意外，安全气囊其实像个小炸弹。

小孩身体弱小，经不起这种巨大的冲击。

而且，科学家也做过实验，撞车后，

后排的人受伤最轻。

何况，我是你的监护人，我就像母鸡，你就像小鸡。

保护"小鸡"的安全，是"母鸡"的责任。

3

在一个拐弯的地方，一个人就像突然冒出来一样，

穿过马路。

爸爸猛踩刹车。小孩赶紧问，爸爸，怎么啦？

刚才有个人骑车过路口，看到红灯亮了还抢着过。

爸爸说。

那他胆子也太大了吧。小孩说。

这哪里是胆子大，这是不负责任啊。爸爸说。

他是对自己不负责任吧！小孩说。

看起来是对自己不负责，

其实更是对别人不负责啊。爸爸说。

你想啊，对汽车来说，行人，看起来是弱的一方。

而汽车呢，自然就是比较强的一方。

发生相撞，自然是行人伤得远远比汽车严重。

可是，这种看法，只是表面现象，

可能只有 80% 的正确性。

因为强和弱，是相对的，是变化的。

甚至，是在一瞬间发生变化的。

你是说，汽车也会很弱小吗？为什么？小孩不解。

你看啊，汽车司机在紧急情况下，

都有主动避让的意识。

在可能发生相撞的时候，会主动转向或紧急刹车。

瞬间变向，汽车可能失控，可能撞上旁边的电线杆。

紧急刹车，也可能造成后面的车连环追尾。

这个时候，也许那个闯红灯的骑车人，毫发未损，

汽车司机却严重受伤。

汽车和行人的强弱对比，在瞬间发生了换位。

行人变成了强的一方，汽车变成了弱的一方。

一个"弱"的行人，可能制造最严重的车祸。

所以，行人不能因为自己"弱"，

就认为自己可以冒险。

以为出危险是自己的事，跟别人无关。

行人遵守交通规则，跟汽车遵守交通规则，

是一样重要呢。

这种时候，一个人对自己负责，也就是对别人负责。

让自己安全，也才会让别人安全。

4

行人怎样做才是安全的？小孩问。

这个问题真是太好了，我也是当了司机之后，

才有体会。

比如吧，行人不应该在拐弯的地方停留或等人。

因为拐弯的时候，

汽车的前立柱会挡住司机的一部分视线。

如果经常在夜晚过马路，比如经常要上下夜班，

最好换浅色衣服。

因为深色衣服，不容易引起司机的注意。

司机都是普通人，其中有很多马大哈。

当然，过街最好走斑马线。

如果是可以穿行的马路，一定不要和汽车抢道。

过马路前，最好向开近的车辆举手示意。

过马路的时候，最好匀速行走，不要突然加速或减速。

也不要突然在路中间停住，甚至后退。

那样可能会把最近的司机吓一跳，失去判断力。

过马路前，两个方向都要看看。

因为可能有摩托车、自行车、三轮车，

甚至汽车逆向行驶。

我们只能确保自己遵守规则，

但无法确保别人也遵守规则。

不要让自己稀里糊涂成为别人违章的受害者。

这些安全措施，你认为是主动安全措施还是被动安全措施？爸爸问。

小孩说，应该是主动安全措施吧。

爸爸说，对。为啥叫主动安全措施呢？

就是我们主动采取的安全措施。

我们说，车上的安全气囊啦，保险杠啦，

这些都是被动安全措施。

因为，当这些东西起作用的时候，

其实交通事故已经发生了。

所以，我们每个人都应该有主动安全常识，

包括司机。

比如，司机可能觉得自己开了好车，开了越野车，

就可以随意超速。

或者，就可以随意并线，随意超车。

其实，在速度面前，再好的车，都是一堆金属，

只要碰撞都会变形。

速度越快，惯性越大，

车上的人，就会受到更严重的伤害。

司机谨慎驾驶的习惯，比任何昂贵的好车，

都更有价值。

比起任何安全气囊来，良好的开车习惯，

更能给车上的人带来安全。

二进制

1

小孩喜欢电脑，喜欢琢磨电脑软件。

自己去买电脑杂志来看。

小孩问，电脑为什么要用二进制？

爸爸说，电脑芯片里面并没有 0 和 1 这两个数字。

0 和 1，其实是高电位和低电位两个状态。

高电位表示 1，低电位表示 0。

因为两个状态最简单，二进制最容易实现。

可是电脑那么复杂啊！小孩说。

对啊，最简单的变化，就可以生成所有复杂的数。

很多事物，我们在没有深入钻研的时候，

都显得特别复杂。

在我们的头脑中，就像一团"乱码"。

当我们掌握之后，感觉也就像二进制一样简单。

复杂，往往是简单的重复、变化和累加。

那，非、与、或这些逻辑，也是二进制吗？小孩问。

爸爸说，虽然不是二进制，

但可以用 0 和 1 这两个状态来表达或者实现。

比如，非 0 等于 1，非 1 等于 0，0 与 1 等于 0，

0 或 1 等于 1……

其实，这些逻辑，很接近我们的思想。

如果把它们换成常用的语言，就是这样的——

非：不是这样的，而是那样的。

与：如果这样并且那样，那就怎样。

或：如果这样或者那样，那就怎样。

0 和 1，好像可以让我们的思想更加精确。

思想也可以用符号来表达和传递。

2

你知道二进制还有个规律吗？爸爸问。

二进制数，每多一个进位，数量就会加倍。

比如，1=1，10=2，100=4，1000=8……

这个规律，也是细胞分裂的规律呢。

1 变 2，2 变 4，4 变 8……

每多一次分裂，细胞数量就会加倍。

这样的方式，产生了最复杂的生命。

那是不是说，我们自己就是从二进制来的呢？

小孩问。

爸爸说，这也不是。二进制只是一个规律。

这个宇宙，有很多类似的从简单到复杂的规律。

比如，最早的生命，是单细胞低级生物。

经历了漫长的进化过程之后，

就从单细胞低级生物，进化为复杂高级的生命。

二进制进位规律，

在我们中国古代的太极图上就能找到。

太极图上有 8 个方位，叫八卦，

分别是坤、艮、坎、巽、震、离、兑、乾。

各自的符号为☷、☶、☵、☴、☳、☲、☱、☰。

写成二进制为 000、001、010、011、100、101、110、111，

这也是十进制的 0、1、2、3、4、5、6、7。

3

古代人就懂电脑了？小孩诧异。

显然不可能嘛！爸爸说。

那是为什么？小孩问。

也许，这就是思想的奇妙之处吧。爸爸说。

人类的思想和智慧，

往往会在不同的时空与不同的人们相遇。

思想就像神奇的电流，

在地球的东半球，按动一个开关，

吧嗒一声，西半球的某个灯泡被点亮了。

有时候，先人的思想就像一块宝石，

被尘土层层包裹。

几千年之后，人们偶然发现了它，小心打磨后，

仍然闪闪发光。

先人的智慧，

往往会给今天的人们带来启发和灵感。

每个时代，也总有一些人会产生发光的思想。

还有啊，你看八卦图中的两条"鱼"。

这两条"鱼"，代表的是阴和阳。

阴和阳，也就像二进制的 0 和 1 一样。

因为我们古人也认为，阴阳能生万物。

比如，太阳为阳，白天的阳光给生命能量。

月亮为阴，夜晚的睡眠和休养，让生命安静地生长。

生物还分为两性，雄性为阳，雌性为阴。

雄雌结合，可以生出后代，生命就可以生生不息。

4

我们说，生命像一条河流。

其实，思想，也像一条河流。

都是在连续不停地流动之中。

每个思想，都有它的源头。

有些源头可能微不足道。

但伟大的思想，就诞生在这些小小的源头中。

所以，我们要在心中尊敬先贤。

不藐视他们曾经进行过的各种思考。

虽然在现在的人看来，也许有些想法显得"幼稚"。

但没有幼稚，哪来的成熟呢？

就像你们小孩一样，没有童年，哪来青年呢？

何况很多思想，我们之所以觉得幼稚，

可能恰恰是因为我们自己还处在幼稚阶段呢。

5

你知道怎样接近甚至亲近这些先贤吗？爸爸问。

小孩说，先人就是古人吧。

古人都死去了，我们怎么接近？小孩说。

爸爸说，读书啊，古人是"活"在那些著作中的。

比如历史、哲学、文学……

读这些书，

就像把这些古人变成家里的"亲戚"一样呢。

小时候，爸爸妈妈给小孩一个家。

小孩长大了，就需要一个更宽更广的家。

这个家里，如果有很多舅舅、舅妈、姥爷、姨妈、表叔……

我们就可以满世界"串门""走亲戚"啦。

我们就会感到很踏实温暖，就不会孤单。

这个家，也有个名字呢。爸爸说。

是什么名字？小孩问。

思想家园，或者，精神家园。爸爸说。

学骑车

1

小孩学骑自行车。

刚开始，爸爸帮小孩扶车把，小孩专心蹬踏板。

逐渐，小孩自己扶车把，爸爸扶小孩的小臂。

接着，爸爸扶小孩的背，确保小孩不摔伤。

偶尔，可以连背都不用扶了。

很快，小孩就学会了独立骑车。

整个过程，小孩都很轻松，没有一次摔跤。

小孩问，为什么我这么容易就学会了？

爸爸说，因为我们用了正确的步骤和方法。

把一个看起来比较难的事情，

分成了几个简单的步骤。

骑车还有步骤吗？小孩问。

这些步骤都是我"悄悄"进行的，

只是你没有注意到，爸爸说。

比如，等你能熟练蹬踏板的时候，

你就可以集中精力扶车把了。

我就去扶你的小手臂，让你自己用车把保持平衡。

只是在你可能失去平衡的时候，

我帮助你稍微调整车把，保持平衡。

有些人学骑车，协助的人，扶的是车的后座。

人的重心靠近后轮，要用比较大的力气，

才能帮助保持平衡。

而且，后座位置低，协助的人还得弯着腰。

所以，会非常辛苦，往往会大汗淋漓。

如果帮助扶车把，只需要很小的力量，

就能帮助保持平衡。

学的人，也不容易摔跤。

我见过有些人学骑车，膝盖都摔破了，

甚至有人摔得更严重。

这就是不同方法的差别。

2

那你是怎么想到这个方法的？小孩问。

因为我分析了自行车的原理。爸爸说。

你有没有想过，

自行车为什么两个轮子也能不倒呢？

对啊，为什么两个轮子不倒呢？小孩也好奇。

是因为惯性，惯性就好比第三个轮子。爸爸说。

什么是惯性？小孩问。

惯性，就是"惰性"，就是"懒惰"的惰。

我们见到的任何物体，都很"懒"。爸爸笑着说。

为什么？小孩问。

比如，我们坐着，如果我们腿不用劲，

我们就不会站起来。

我们就只能一直保持坐的姿势。

一块小石头，静静地躺在地上。

如果我们不给它一个力量，比如踢它一脚，

它就一直躺在那里。

如果我们用力把石头扔出去，

如果不是重力和空气阻力的原因，

石头就会一直向前飞行。

人和石头，都很"懒"。

只要你不给他力，他就保持那个姿势，那个状态。

除非给他某个力量，才能让他改变。

物体的这种"懒汉"性质，就叫惯性。

3

直线运动的物体，有直线运动的惯性。

包括速度惯性和方向惯性。

旋转运动的物体，也有旋转运动的惯性。

陀螺不倒，也是因为惯性？小孩问。

可不是嘛。因为旋转运动有个转轴，转轴有方向。

只要陀螺在旋转，转轴方向也就不易改变。

自行车不倒，也是因为旋转惯性？小孩问。

不是，是因为直线运动的惯性。爸爸说。

因为这个直线惯性，自行车只要有速度，

就不会马上停下来。

只要不停下，也就不会马上倒下去。

这就给了骑车人调节平衡的时间。

所以，学骑车，其实就是学习调节平衡。

协助人的主要任务，就是协助学车人掌握平衡。

而车把，就是调节方向和平衡的。

骑车，游泳，这些都是生活或者生存技能。

有的人一辈子都没学会，因为没有好方法。

有的人，因为有好方法，几小时就学会了。

而且，学得还很轻松，很高兴。

类似技能还有很多呢，比如轮滑、滑雪、滑冰……

甚至包括弹琴。

这些技能，都有共同的特点，

就是需要将人的手脚动作与大小脑进行配合协调。

4

弹琴？弹琴不是音乐吗？小孩似乎不理解。

当然也包括弹琴啦，音乐，是听起来的效果。

很多技能，到了一定的水平高度，

看起来都是有美感的。

或者说，是有艺术感的。

比如，花式轮滑，看起来就像人体艺术。

游泳游得好的人，他的动作，看起来是很享受的。

弹琴，当然要复杂一些，

因为音乐是用声音表达思想情感。

但也可以分为不同的步骤和层次。

解决好每个步骤，在每个步骤中找到方法，

学起来也就会更有效率。

学习任何东西，如果我们只有一个理想的目标，

比如要学成钢琴家的那个样子，

但是没有具体的好的方法，

那么这个目标就是空的，

甚至是令人灰心丧气的。

怎样才能找到这些好方法？小孩问。

需要学习和运用多方面的知识。

所以，一个人的知识面和视野，要尽量开阔。

爸爸说。

悟

1

小孩看书，有刻舟求剑的故事。

问，爸爸，什么叫寓言？

爸爸说，让我想想。

寓言的寓，就是寓所的寓。

寓所，就是可以住的地方。

"寓"跟"家"一样，都有个宝盖头，也都是住人的地方。

寓言，就是用语言文字修建的房子。

这个房子里住的是谁？小孩问。

对啊，寓言既然是语言的房子，

那么里面住着谁呢？

里面住着的，

应该就是那些没有直接讲出来的道理吧。

因为我们人类有很多思想，很多道理，

需要表达出来。

直接说出来，可能比较枯燥，比较难懂。

而且，直接说出来，可能也没趣味，人们也不爱听。

怎么办？那就把这些文字写到某个故事里。

也就是说，把那些深奥的道理装到一个故事里。

人们都爱听故事，对吧？

听完故事，人们就会思考，这个故事到底是什么意思？

所以，人们就会想到故事中的很多道理了。

2

万一人们读完故事不去想呢？小孩问。

这正是寓言的好处呢。爸爸说。

任何好思想，都不应该强迫灌输，让人们被动接受。

而且，本来一个很好的道理，如果读故事的人，

没有经历过很多事，

他可能就不会真正领悟那些道理。

但是，寓言故事可以先装在他的记忆里。

随着他年龄增长，经历的事情多了，

他可能就逐渐能领悟那些道理了。

而且，人在不同的年龄，对同样的道理，

理解的程度也不同。

中文里面有个字，最能说明这种情况。

你想想，是哪个字？

是思，或者想。小孩答。

算对吧，不过，我觉得这个字应该是——悟。

也就是领悟，醒悟，觉悟的"悟"。

悟

悟，是一个很有意义的汉字。

我们经常说读书，看书。

读，或者看，是看得见的动作。

其实，读完了，看完了，我们还要能够去悟。

悟，是在我们头脑中进行的活动。

这个别人看不见的动作，只有我们自己心里清楚。

读到的是别人的，看到的是别人的。

只有悟到的，才是我们自己的。

这个悟，可以深藏在我们心里，

成为我们一辈子的好朋友。

生命

1

小孩喜欢电脑，喜欢与电脑相关的一切。

春游途中，有小朋友带着电脑，玩游戏。

对窗外漫山遍野的鲜花和美景，视而不见。

小孩也一个劲儿凑过去。

于是，一路上，看不见大禹，也看不见文成公主。

虽然路过都江堰，路过茶马古道。

在酒店，小朋友们仍然沉迷在游戏中。

爸爸对小孩说，我们可以了解游戏怎么玩。

了解怎么玩，就是了解游戏的设计思想。

因为有些游戏，确实有奇思妙想。

但这就够了，不必通关。

通关，其实是熟练的过程。

一个人只要愿意付出时间，就可以玩到较高级别。

我们可以用了解的方式来"玩"游戏。

这样，我们还可以"玩"更多的游戏。

却不会伤害我们的眼睛。

也不妨碍我们在旅途中亲近历史，

欣赏沿途大自然的景色。

2

游戏是大人设计的吧，难道不是拿来玩的吗？

小孩说。

确实，设计游戏的人，应该都是大人。爸爸说。

也许在设计的时候，想的都挺好的吧。

比如，合理的说法：游戏嘛，就是娱乐消遣的。

或者，高雅的说法：游戏嘛，就是调养身心的。

甚至，高尚的说法：

游戏嘛，就是训练人的思维智力的。

在游戏中，还有公平啦，正义战胜邪恶啦，等等。

游戏，简直就像美丽的天使一样，洁白无瑕。

可是，很多游戏，吸引人去玩，让人沉迷，

是最大的目的。

怎么吸引人，就怎么设计。

合理的，高雅的，高尚的说法，只是它们的外衣。

游戏，其实是利用了人类最自然的一个属性。

什么属性？小孩问。

爸爸说，贪玩，是人的天性。

也是人类的共性，小孩如此，大人也是这样。

很多游戏，披着色彩斑斓的外衣。

把贪玩这种天性，利用到了极致。

他把游戏制作出来，就像一堆五彩缤纷的药丸，

摆在你面前。

你选择吃，还是不吃，是你的自由。

他从不强迫你。

他只是在你眼前晃来晃去，诱惑你。

你是否能控制自己，是否对游戏有正确的认识，

那是你自己的事。

但是，一旦你经不住诱惑，沉迷进去，

你就愿意为它付出时间，付出金钱，

甚至付出健康，付出生命。

3

为什么还会付出健康和生命？小孩觉得不可思议。

你看，有很多孩子天天对着手机，对着掌上电脑。

眼睛早早就近视了。

不愿意接近大自然，不去锻炼身体。

宁愿把自己关在屋子里，通关，通关，通关。

肚子可以饿着，尿可以憋着，睡眠可以省着。

所以说，很多人付出了健康。

据说，重庆有几个孩子在网吧玩游戏，

三天三夜不睡觉。

走铁路回家的时候，实在困极了，就在铁轨上坐下。

坐下就睡着了，火车开来都不知道。

生命，就这样没有了。

这是他们的爸爸妈妈没看管好吧。小孩说。

对，这正是很多大人的想法。

很多问题，这样想，我们都会很轻松。

觉得这几个孩子的死，

跟我们旁人一点儿关系都没有。

所以，游戏，是多么"清白"啊！

但是，你知道，

这个世界上最"高级"的害人手段是什么吗？

小孩摇摇头。

爸爸说，那就是让一个人自己"害死"他自己。

而他自己还不知道是怎么死的。

4

是吗？会有人这么坏吗？小孩问。

好与坏，有时候很模糊，并没有一个清晰的界限。

就连设计游戏的人，

他可能也说不清游戏的好坏。

首先，他可能从来没有想过。

也可能，他想过，但就像天边的浮云一样，

轻风吹过就消失了。

因为，有更加重要的事情，需要他思考。

比如，怎样设计情节，怎样设计框架，

怎样设计色彩。

也可能，更多的人会这么想：

每家医院里，每条公路上，

每年会有多少生命被终结！

死几个小孩，算什么！

现实世界死几个人，

跟游戏世界几个生命被结束一样。

意思是说，游戏的魔力真的会害死人吗？小孩问。

是啊！游戏能吸引人去玩，就是游戏的最大成功。

开发游戏的人，认为游戏可以给人们一切。

快乐、智慧、思想，等等。

其实呢，游戏中所有那些所谓的智慧啦，知识啦，

完全可以通过其他学习途径获得。

而不是通过反复玩游戏，

才能获得一些支离破碎的"知识小气泡"。

5

喜欢玩游戏的人，也觉得游戏可以给予他一切。

其实，他失去了最重要的东西，却浑然不觉。

失去了什么？小孩问。

那就是时间——

他没有时间亲近大自然，没有时间锻炼身体，

没有时间学习，没有时间思考。

甚至，没时间和亲人说话，和家人变得疏远。

我们说，一个人的时间，就是一个人的生命。

那些冒险游戏里，"满血"时，生命值最大。

但是，一个人一旦沉迷游戏，

在游戏里，他可能经常是"满血"的状态。

他身体里的维持生命活力的血，

其实已经被游戏抽干了。

雪

1

雪，下得轰轰烈烈。

路灯下，雪花飞舞。

爸爸和小孩站在雪中，听下雪的声音。

不知道雪的声音到底来自哪里。

但又感觉，雪的声音就在四面八方。

地上，雪花闪着星星点点钻石般的光芒。

爸爸和小孩坐在车里，静静望着天外来客。

挡风玻璃上，雪花悄无声息地停靠。

雪花的形状，为什么是六边形的？小孩问。

爸爸说，雪花应该不只是六边形这么简单吧。

下降过程中，温度变化不同，风速不同，

雪花的形状也不同。

地面温度越低，雪花越小，就像沙一样。

下鹅毛大雪时，往往地面温度并不是很低。

雪花，就像树一样，有很多枝丫。

这些枝丫，就跟从 Google（谷歌）地球上看到的山脉一样。

雪花为什么是白色的？小孩问。

自然光中均匀分布了各种颜色的光。

这种光，叫白光。爸爸说。

雪花中的小结晶，就像小棱镜，有着无数个面。

雪花，在自然光的照耀下，

光线会被反射到各个方向。

这样的反射，也叫漫反射，或者散射。

白光被散射，我们看到的雪花就是白色的。

其实，这也正是冰块无色的原因。

因为冰块的表面很大，光不会被散射。

如果将冰块磨成粉末，就变成白色的了。

2

小孩问，雪花是怎么形成的？

爸爸说，雪花从微小中来，从偶然中来。

这跟我们生命的来源是一样的。

高空有云。云，是水蒸气团。

水蒸气的每个颗粒，都小得若有若无。

两个这样的颗粒，偶然碰到一起，合二为一。

这就是雪花的最初形态，最初的生命也是这样。

我们每个生命，在这个世界没有之前，

都不是必然的。

那，雪花是怎样长大的？小孩问。

爸爸说，其他水蒸气颗粒，偶然碰到它们，

也融合进去。

它的体积就越变越大，不能悬浮在空气中了，

就开始下降。

在下降过程中，温度越来越低，就凝结成了小冰粒。

别的水蒸气被它吸附，形成小冰晶。

所以，雪花的身体都是小冰晶组成的。

就跟我们人的身体是由细胞组成的一样。

3

小孩说，夜晚的雪花为什么是彩色的？

爸爸说，看来我们要感谢这个路灯呢。

我们知道，雪花的白色是冰晶散射的原因。

其实，冰晶还会折射。

这跟彩虹的原理是一样的。

折射，把白光变成彩色光。

彩色光，再反射到我们眼中，和白光就有了区别。

因为这些光，以夜晚路灯的弱光为背景。

所以，我们看到了点点彩色的光芒。

雪化成水，向下流淌。

小孩指着玻璃上的小水流，说，这有点儿像眼泪。

爸爸说，真的像泪痕。

雪花作为雪，带给我们一个纯洁的世界。

雪化为水，它好像对雪的世界，恋恋不舍。

但它们又不得不在泪水中，流淌。

因为，更多的生命，需要水的滋养。

雪水的流淌，是雪生命的延续。

可能，雪化成的水，

会很快成为另一个生命的一部分。

比如，路边的树，池塘的鱼。

4

生命，是互相需要的过程。

正因为互相需要，才能延续。

自然界的生命万物，都是你中有我，我中有你的。

所以，所有的生命，都有一个共同的去处。

你知道这个去处是什么吗？

小孩犹豫，说，是不是死亡？

爸爸说，不是死亡，是永生。

死亡，只是生命一个阶段的结束。

只要一个生命曾经来过这个世界，

这个世界就永远有它的痕迹。

就跟下雪的声音一样。

虽然很多痕迹我们看不到，但它又无处不在。

爸爸说，雪花飘的时候，圣诞节就快到了。

不只是你们小孩才能收到圣诞礼物呢。

小孩问，大人也能收到圣诞礼物吗？

当然，爸爸说，雪花，就是天空送给我们的礼物啊。

雪花，把空空的天，装得满满的。

却把满满的复杂的地，变得简单无比。

但是，雪花从来都不会把天和地，久久占据。

雪花，好像在用一种神秘的方式，

给我们讲天空的故事。

空的故事，无的故事，生命的故事。

真耳朵

1

寒假里，小孩开始学《新概念英语》第三册。

电脑播放录音，小孩跟着录音读。

内容逐渐加深，学习方法开始变化——

爸爸要求小孩把听到的，一句一句写下来。

小孩有点不乐意，问，为什么要写下来？

爸爸说，我们听外语，会有几种效果。

有时候，我们听完知道什么意思。

有时候，却完全不知道。

甚至可能好像知道了，却转眼就忘记了。

就好像耳朵不是我们自己的，是别人的。

声音钻进我们耳朵里，意思却留在外面了。

这样的耳朵，就像是"假耳朵"。

这样去听，就是假听。

如果我们把听到的写下来，

就可以把"假耳朵"变成"真耳朵"。

而且，还可以练习拼写呢。

2

小孩开始边听边写。

几天坚持下来，小孩觉得手太累。

右手中指的骨节疼，受不了。

爸爸看着心疼，说，要不我们先学习打字吧。

两天的练习，小孩打字很快了。

小孩本来就喜欢电脑，很喜欢打字。

于是把电脑字体调得非常大，背景设为蓝色。

在键盘上敲英语。

听一句，说一句，接着敲一句。

暑假结束，小孩白天要去学校上课。

晚上还要练琴，英语怎么办？

爸爸跟小孩商量，要不我们用早上的时间吧。

每天早上起床后学习 20 分钟英语。

小孩同意了。

爸爸说，早上匆忙，我们最好不用电脑。

那怎么写？小孩问。

我们在脑子中"写"。爸爸说。

我们念一段，合上书本，

在心中回忆一遍，然后说出来。

那这是背诵课文了。小孩说。

爸爸说，这不是背诵，是立即复述。

考验的是我们的瞬间记忆力。

你看，每篇文章都有两段。

我们每天只需要完成一段。

两天就能完成一篇课文。

有些课文尝试着背诵。

爸爸也跟着一起背。

每次小孩只能背一小段，爸爸能背一大段。

小孩问，为什么你背得又快又多？

爸爸说，我的方法是在心里想，而不是在嘴上念。

先看一小段，在脑子里回想，不念出声，这就叫默记。

默记的效率是最高的，因为默记更多的是用脑而不用嘴。

背诵语文课文、古文、诗歌，都可以用默记的方法。

如果说，听英语，我们要用"真耳朵"，

那，我们记忆或背诵，应该用什么？爸爸问。

小孩说，我觉得应该用"真心"。

太好了，我们就把这称为"真心记忆法"吧。爸爸赞赏道。

心花

1

过年了。楼下小广场上，

每天都有很多燃放烟花爆竹的痕迹，五颜六色。

爸爸和小孩手拉手，要去表妹家。

小孩问，爸爸，过去没有火药的时候，都是用竹子，对吗？

对啊，这正是"爆竹"的来历呢。

过去，人们也没有想到火药啥的，

就觉得烧竹子能发出嘭嘭嘭的声音，就用竹子了。

爸爸说。

竹子为啥能"爆炸"？小孩问。

因为竹节中间是空的。

其实竹子壳上是有小气孔的，只是肉眼看不到。

所以，竹节里面的气压跟外面大气压是一样的。

但如果迅速加热，竹节里面的空气就会迅速膨胀，

来不及通过小气孔释放出来，

所以，压力就会越来越大，

最后，就嘭的一声，爆炸了。

也就是说，爆竹，是利用了热胀冷缩的原理？

小孩问。

就是就是。生活中，其实到处都是知识，

只要如果我们用心观察。爸爸说。

2

那，有了火药之后，鞭炮的爆炸是咋回事？小孩问。

跟爆竹类似吧。爸爸说。

鞭炮是通过化学反应，瞬间产生大量气体。

我们平常见到的燃烧，就是一种剧烈的化学反应。

具体说，叫氧化反应。

在这个过程中会瞬间产生大量的热，

高温的物体会发光。

所以，燃烧，总是热伴随着光。

比如一张纸的燃烧，纸中的可燃物叫碳。

碳在氧气中燃烧，产生二氧化碳气体。

碳和氧，慢慢接触，慢慢加热到燃点，慢慢燃烧。

但，火药的燃烧，是瞬间的事。

因为，火药中的可燃物和氧化剂，

是按比例充分混合在一起的。

只要某个点的温度到了燃点，一个点的燃烧，

立即引起整个鞭炮的"燃烧"。

所以，点燃一根小小的引线，

可以引爆一个巨大的鞭炮。

那，为什么跟爆竹类似呢？小孩问。

因为鞭炮的火药是封闭在外壳里的，

这个外壳就相当于竹节，

火药瞬间燃烧产生大量气体，

被封闭的气体会产生巨大的压力，撑破外壳，

产生爆炸。

3

鞭炮为什么还能跑到空中才爆炸？小孩问。

其实，这就是火箭的原理了。

合在一起的物体，

如果被内部力量瞬间分成两部分，

那么，这两部分的运动方向，必然是方向相反的。

对鞭炮来说，当燃烧产生的气体，不是被封闭起来，

而是被一个开口引出，

那么，鞭炮本身就会向开口的相反方向运动。

开口朝下，鞭炮就朝上跑。

所以，放这种鞭炮的时候，一定不要放倒了，

否则，它就在地面横着跑了，这是非常危险的。

好像新闻里每年都有被鞭炮炸伤的人。小孩说。

可不是嘛！甚至比伤残更严重。

有的爆竹，就像重型大炮一样。

放完后，外壳黑洞洞的，像炮口一样指向天空。

过去有一种大炮，好像叫排炮。

排炮有几个炮管，一次可以发射好几颗炮弹。

你看那像排炮的鞭炮，放完之后，

就跟到了战场一样。

每次看到，我都想起电视中的战争场面。

为什么要把鞭炮做这么大？小孩问。

爸爸想了想，说，因为很多人喜欢大啊，

比如，大有学问，大有文章，大有来头……

4

小孩问，爸爸，你小时候爱放鞭炮吗？

喜欢啊，不过我只买声音听起来比较小的那种，

而且只买两三块钱的。

那不是很快就放完了？小孩说。

那时候，几块钱就可以买上百颗呢，我会节约着放，

甚至可以放到元宵节。

我都是用平常积攒下来的钱买。

基本上，从年初就想着要积攒一点儿钱，

过年能有钱买鞭炮。

所以，一年到头，心里都会想着过年的事。

似乎一直在想着，要为过年做点啥准备。

虽然心里知道还要等很久，但心里总有个盼头，

就会莫名其妙地高兴。

那，这些钱是谁给你的？小孩问。

我自己挣的啊。

在老家，麦田里会长一种叫"麻芋子"的野生药材，

学名叫啥不知道。

每年麦子收割后，我就去麦田找麻芋子。

麻芋子的叶子是心形的，绿绿的。

每看到一颗，我心里就一跳，特高兴。

赶紧小心翼翼地用小锄头挖出来，生怕挖烂了。

好挖吗？小孩问。

挖起来好像不难，心里高兴，几下就出来了。

只是麻芋子太小了，最大也只有花生米那么大。

去掉皮后，白白的，还要晒干，晒干后非常轻。

每年大概只能挖几两，卖个几块钱。

5

你为啥从小爱放鞭炮？小孩问。

可能，就跟人一高兴就想跳起来一样吧。

我觉得放鞭炮是开心的事情。

我从小就喜欢认真做每件事。

在学校，老师同学喜欢我。

在家里，你爷爷奶奶喜欢我。

所以，我的心情啊，

就跟你老爱在家里横着跳着走一样。

不是有个成语叫"心花怒放"吗？

心里的花儿，在瞬间，满满开放。

就像电视里说的那样，一朵花，一秒钟就张开了？

小孩抢着说。

太对啦，就像那样的。

可能，我们每个人心中的花儿，

都想有个突然开放的时候吧。

所以啊，我真的希望每个鞭炮都是小小的，

但都是开心的心花。

东西

1

在路边报亭，小孩买了一本《电脑世界》。

回家就躲进温暖的小屋，钻到书里不肯出来。

吃完晚饭，小孩和爸爸讨论电脑方面的问题。

爸爸说，喜欢电脑的最好方式，就是学习编程。

程序世界，其实是代码世界。

这个代码世界，就像这个自然界。

"程序世界"外的人觉得很神秘的"东西"，

其实和自然界是完全相通的。

所以，如果我们学会"跨界"——

跨界学习，跨界思考，那么我们学习知识就会更容易，

也更全面。

可以举几个例子吗？小孩说。

可以啊，比如，"面向对象"的思想，

就来自我们的生活，

来自我们生活的这个世界。

编程中的"对象"，就是我们平常说的"东西"。

我们日常生活中用到的每个"东西"，

都是一个 Object，都是一个"对象"。

2

当我们说"这是什么东西"的时候，

我们就在"编程"了。

每个对象（东西，Object），都有一个定义。

这个定义，也称为一个类（Class）。

"这是什么东西"，换个说法，

就是"这属于什么类"。

比如我们定义了一个类，就叫"人类"。

人类，这是一个我们多么熟悉的词语啊！

它正好可以成为我们进入编程世界的入口呢。

就像我们手拿印有"人类"两个字的门票，

大摇大摆进入一个叫"程序世界"的公园一样。

编程，就像逛公园一样吗？小孩问。

是啊，进入任何领域，我们都应该像逛公园一样。

因为，逛公园的心态，是轻松愉快的心态。

我们现在就是在找一个轻松的入口。

"人类"的门票拿到了，入口就在我们面前了——

3

现在，我们都是"人类"，对吧？

你是我的儿子，那么，

你身上肯定继承了我的一些特征。

外表上我们可能长得像，或者性格上有相似之处。

而类，也可以继承。

我属于的这个类，称为父类。

你属于的那个类，就是我的子类。

但我们两个类，都继承了一个共同的类——人类。

所以，"程序世界"也有一套遗传规律呢。

除了遗传，还有什么像自然界？小孩问。

还有"生命"。编程的时候，需要定义变量。

每个变量，也可以说就是一个对象。

每个对象，都有一个生命周期。

也就是说，在这些对象"活着"的时候，

可以访问他们。

当这些对象"死去"的时候，就不可以访问他们了。

4

我们知道，电脑数据是以二进制方式存储的，一个字符，存一个字节。

一个字节，是 8 个二进制位。

或者说，是 8 个二进制数，也就是 8 个 0 或 1。

8 个 1（11111111），就是十进制的 255。

所以，

一个字节可以存 0 到 255 范围内的任意一个数。

假如要存 256 呢？小孩问。

如果用 1 个字节存 256，实际就会存成 0。

因为 256 的二进制数是 100000000。

9 个二进制位，超出了一个字节（8 位）的存储范围。

这就叫溢出，就像水桶里的水，满了会溢出一样。

"满则溢"，也是自然界的现象。

就好像爬一座山，爬到顶峰，继续前进，

必然就是下降。

在自然界，这就叫"物极必反"。

月亮圆过之后，就要开始不圆。

潮水涨过之后，就要退潮。

如果我们在编程的时候，忘记了溢出这些问题。

我们的程序，就会出现 BUG。

在某些时候，BUG 没有暴露出来。

一旦某些时候，BUG"发作"，程序就会死掉。

就像我们爬山，在顶峰时，

如果忘记了"物极必反"的道理，就会摔大跟头。

5

怎样才能不溢出呢？小孩问。

那就是编程的时候，要非常细心，非常小心。

不要三心二意，马马虎虎。爸爸说。

这种态度，就叫认真和严谨。

不要盲目相信自己的代码毫无问题。

编写完毕，要反复调试，排除可能的 BUG。

这种态度，就叫谦虚和谨慎。

那，怎样避免"物极必反"呢？小孩问。

爸爸说，物极必反，是自然规律，无法避免。

但是，我们可以选择面对的方式。

比如，我们爬上顶峰，知道应该下山了，

就高高兴兴下山。

不要留恋山顶风光，不要一步一回头。

不情愿，犹犹豫豫的样子，我们可能会踩空。

下山难，难在留恋，因为下山时，

顶峰离我们越来越远。

东西

惯性

1

小孩到新学校读书了。

爸爸开车接送小孩。

每天走的路线都一样，

路口多，红绿灯多。

一路上，车走走停停，

也是爸爸和小孩聊天的机会。

几天之后，爸爸高兴地对小孩说，

我发现了一个节油的小窍门——

我只要向前多观察大约300米，

提前注意距离稍远的车的速度，

提前留意前方的红绿灯，

充分利用汽车的运动惯性，

尽量减少刹车的次数，

这样就能节省大约 10% 的油耗。

就是多靠惯性滑行，是吗？小孩问。

对，汽油转化的能量，很大一部分被损耗在刹车上。

靠惯性滑行，将惯性消耗在路面，

就可以减少刹车的机会。

惯性利用越充分，就越省油，

我称之为"惯性开车法"。

2

惯性也有能量？小孩问。

是啊，惯性本来就蕴含能量嘛！

只有养成充分利用好惯性的开车习惯，

这种能量的作用才会得到最大程度的体现。

学物理我们知道了能量守恒规律。

惯性，其实是能量所处的状态。

运动惯性，就是机械能不会凭空消失的证据。

速度惯性，也反映了能量水平的高低。

高速度下的惯性，说明能量处于高水平。

低速度下的惯性，说明能量处于低水平。

人的行为习惯，跟物理上的惯性也有一样的效果。

或者说，一个人的习惯也是蕴含能量的。

积极的习惯，就是积极的能量，可以节省能量。

同时也说明这个人处于高能状态或积极状态。

消极的习惯呢，就是负面的能量，会消耗能量。

当然也说明这个人处于低能状态或消极状态。

3

惯性还具有双重性，小孩说。

这个说法不错，爸爸肯定道。

那我们就称之为双重惯性吧。

稍微想想，其实这种双重性，随处都能体现。

比如，有人喜欢赖床，起床困难，

这就是消极惯性。

他可能在床上胡思乱想，犹豫要不要起床，

这就是在消耗能量。

如果他养成了该起就马上起的习惯，

不但不消耗能量，

还能充分利用节省的时间，

完成该做的事情。

也就是说，行为惯性，可以把时间转换为能量。

再比如，有的学生做事拖拖拉拉，

平常作业或假期作业总是不能提早或按时完成。

可能整个假期他都在牵挂作业，

心里的负担越长，

负能量堆积也就越久，

会在内心产生消耗。

可能他的日子过得也不会太舒畅。

一旦他养成了做事雷厉风行的习惯，

迅速认真完成作业，

他的日子反倒可以过得轻松愉快。

他的学习成绩也会提高。

从家长和老师那里也会获得积极的评价。

积极的习惯，最好做到可以不假思索。

想都不想，就去做该做的事情。

事情无论大小，我们都可以培养积极的习惯。

比如每天起床、洗脸、刷牙这些生活琐事。

比如我们干工作，甚至包括锻炼身体。

4

我觉得惯性还具有多重性，小孩若有所思。

爸爸说，是吗？快说来听听。

如果过程具有惯性，那么，结果也具有惯性，

小孩解释说。

做事情的习惯是积极的，

事情的结果一般也会是积极的。

因为结果也是过程的一部分嘛。

你能举个例子吗？爸爸问。

小孩说，就拿我最近的中考来说吧。

中考能考到一所好学校，是中考的结果。

可是中考呢，也只是我学习过程中的一部分。

甚至包括三年后的高考，也是一样。

如果我有好的学习习惯，

中考或高考取得好的结果，

也就自然而然了。

看来你对多重惯性的理解非常透彻啦！

爸爸高兴地赞许道。

这就叫优秀的习惯，造就习惯性的优秀。

看来，利用好惯性，让惯性为我们提供能量，

真是一件非常有意义的事啊。

养成好的生活习惯、学习习惯，

会让我们省很多力。

实现我们期望的目标，

也就不会那么困难，那么不可思议了。

有个成语叫功到自然成，

可能说的也是这个意思吧。

附录

爸爸的小孩，小孩的爸爸

文 / 赵婕

还是接着《爸爸给小孩做的三件事》来写写作者的故事吧。毕竟，大多数读者还是喜欢"知其人读其书"的。

爸爸的小孩

我 16 岁与赵洪云认识，如今已经快 30 年了。

如果说得更确切些，我单方面 12 岁就认识他了。我们都在镇上的重点初中上学，他初二，我初一。他从小学三年级到高中毕业，一直都是第一名，并且遥遥领先，是我们那个小地方的神话人物。大家认识他，很自然。他那个时候的年纪和模样，正好和我儿子现在相差无几。

是的，那个时候，他还是爸爸的小孩。

1. 彼此微笑致意

当我考上巴中市的重点高中后，我的父亲，就把这个神话人物邀请到我家，希望他在学习上给我帮助。他穿着白衬衫，在哥哥（如今已故）的陪同下，走了40分钟山路到我家。打过照面后，我就去田里干活了，不知父亲和他们说了些什么。我只记得，哥哥和他离开的时候，正好路过田地，我们隔着几米的距离彼此微笑致意，没有说话。

那是夏季的田野。记得那天我穿着竹叶绿的绸质裤子，映山红花蕊图案的粉色绸质上衣。那是那个年龄段我最喜欢的一套衣服。那个时候的我，十分纤瘦，和一株两岁的苹果树酷似孪生姐妹。

赵洪云后来对我说，他对我第一印象很好，现在还能说出我当时的模样、形态和衣服的细节。我们的记忆正好

吻合。

我和赵洪云虽然没有五代以内的血缘关系，但按照乡俗，我叫他么爹。我把他的父亲叫三爷爷。在巴中中学，我受到一部分同学的尊重，就因为我有这个鼎鼎大名的么爹。他是全校学生的榜样，数理化常常满分，语文和英语有时候也是满分。我的同班同学搞到了赵洪云的作文，在那里研习，对我也爱屋及乌。

我们同校一年后，他就上大学了。

当时巴中中学年年都有考上清华大学、北京大学的，但中国科技大学的录取分数线比清华、北大还要高几十分，巴中中学希望赵洪云能为学校争光，校长亲自找他做工作，希望他报考中科大。

他去了合肥的中科大。他的名字写在学校中心区的宣传黑板上，至少保留了一整年。他的名字后面，是所有考上各地大学的其他同学的名字。我们开始通信。我在那个阶段写的信，开头就是：么爹，你好。

距第一次见他 4 年之后，我们才彼此认识。又 3 年，高中毕业，我们成了恋人。从此，我改称他"红子"。又过了 3 年，我们结婚，成了一家人。又过了 10 年，我们成了一个男孩的父母。如今，我们有了将近 12 年的父母资历。

2. 他只是低低地叫了一声"儿子！"

赵洪云上大二那年的 7 月 9 日，我高考结束。他回到中学母校来和我见面。

7 月 10 日，我们确定了恋爱关系。

但这件事并不容易。我的父亲是我们那个小地方的一把手，他管辖着一万多群众。我的行为让父母和亲族难堪。监视、蔑视、怒视，我和赵洪云都承受了。直到我昏倒过去，父母权衡，我的生命高于他们的清誉，终于接受了事实。

赵洪云的父亲是教师，比我父亲年龄大，叫赵明远，表字礼修。这件事也给他出了难题，但他宁愿尊重儿子的

意愿。

有一天我偷偷去看赵洪云，他的家人把我当赵洪云的朋友接待。但我只能待一小会儿就匆匆离开。后来，赵洪云告诉我，那天，他抱着吉他，流着眼泪，翻山越岭尾随我，直到我消失在我家房屋前面。等他回头，才发现，他的父亲，嘴里衔着烟斗，一直默默翻山越岭保持一段距离跟随着他。碰头后，他父亲只是低低地叫了一声"儿子"。

这一声"儿子"，也象征这位父亲传给赵洪云的做父亲的精髓：父子之间，男人之间，有一种沉默的深情、信任的深情、尊重的深情。我的儿子，当他有幸与赵洪云成为父子，这来自爷爷的血缘也令我替他感恩。我也相信，这组沉默深爱的"父亲基因"会再传承给儿子的孩子。

3. "我没有爸爸了……"

在《爸爸与小孩》第一辑里面，写了孩子在几个"啦啦啦"之后，长大了，爸爸不见了，孩子想问爸爸问题，问不着了。

这是赵洪云的心声。1997年，赵洪云从清华大学研究生毕业，分配到北大工作，我还在北大读研二。我们很想把他的父亲接到北京来看看，春节就留在北京挣钱没有回家。我们住在北大17楼的单身宿舍里，春节刚过，一天半夜，楼长叫我们起来接长途电话，我们知道老人家突发脑溢血去世了。在从北京回四川的车上，几十个小时，赵洪云沉默无语。后来他告诉我，一路上他心里都有一个声音："我没有爸爸了……"

这件事促成了赵洪云离开北大。他希望预支未来，尽快在北京买房子，把剩下的三位老人常常接来住。在北大慢慢积累未来的机会，他只能放弃了。

1999年，我们离开北大就买了房子，因为有老板希望赵洪云加盟，愿意为他付房子的首付。在这个新房子里，赵洪云常常梦见父亲，有几次从梦中哭着醒来……

但白天，当我说："唉，爸爸要是在就好了，你现在

的好，他都不知道，他没有享过你的福，好可惜。"赵洪云就会说："我从小就让父亲放心和骄傲，他不用看也知道，我的人生会很好。父亲生前的每一天，我都给了他踏实和快乐，幸好如此，这也是我能够安慰自己的地方。"

小孩的爸爸

公公去世之后，赵洪云忽然也有了舐犊之情。我们结婚 10 年后，他第一次开口说想要孩子了。公公的去世也促使我们有了房子，似乎养一个孩子的时机也成熟了。2001 年，儿子卿与出生，赵洪云成了爸爸。

1. 爸爸为小孩做的三件事

赵洪云成了爸爸之后，为孩子发明尿布报警器、发明贝多钢琴陪练机、写父子日记出版《爸爸与小孩》，我在上一本书的序言《爸爸为小孩做的三件事》里面交代了，此处不再赘言。

2. 把每件事做到家，让孩子自信

有时候，卿与会嘱咐我：少说多做！把事情做到家！做事不要半途而废！

有时候，当我碰到棘手的问题时，卿与会说：妈妈，事情总有解决的办法，我来给你看看。

我默然一笑，知道这是赵洪云通过言传身教给卿与的根本观念和良好信念。

赵洪云认为一个人要有硬通货，就是做事的能力和自信。自信，不是别人夸出来的，也不是掩耳盗铃自我幻想出来的，而是一件一件事情做成之后积累出来的自然结果。

游泳、轮滑、骑车、打球这些小技能自然不必说，都是他一一教会卿与的。在最难坚持的学钢琴这件事上，赵洪云不只是与团队合作，他还带着卿与一起，发明了贝多钢琴陪练机。除了琴童天地学校和高宇老师的帮助，贝多对卿与学琴真的功不可没，也让我和赵洪云从陪练的痛苦

中彻底解脱出来。卿与 11 岁时，顺利通过了中央音乐学院 9 级考核（业余最高 9 级），并且获得了"优秀"。卿与不仅参与了发明，爱上了发明，更重要的是，在他头脑中还牢固建立起"遇到问题解决问题，而不是放弃目标"的观念。

此外，从学琴这件事上，卿与还知道了，不只是学数学语文可以举一反三，做任何事都可以举一反三。因为学钢琴，遇到困难，赵洪云想尽一切办法解决困难，付出自然不少，但获得也很多。孩子不仅快乐学琴，效果良好，还因为学琴的优秀表现，获得很多良性反馈，带动他在其他方面的自信和自律，这些对他的思维方式和世界观也是一种综合训练。为了求 A，我们得到了 ABC。

比如，如何对待考级这件事。开始时大家一窝蜂去考级，弄得有些孩子苦不堪言。然后，有人批判考级之祸，于是又物极必反，我最初也是人云亦云，认为不必考级，孩子会弹琴就行了。但赵洪云认为，考级不是目的，是长期学琴的步骤和手段。一级一级的考试,可以把孩子学琴的目标分解成小块,这样有了坚持的抓手。同时,考级也有助于孩子在各种互动中完成一件较难的事情,而且有了相对明确的标准之后,无论家长还是孩子都有可循的方式,对自我有严格的要求。有时候,人们以为放弃的是不好的目标,但其实躲避的是对更好实现目标的手段的探寻。

等到孩子考过9级,并获得了优秀,我才知道,这是一件很难的事情。我也不由自主在孩子身上盖了一枚钢印:他能够完成很难的事情。孩子的老师,以及其他相关的人,也会把同样的反馈给予孩子,孩子接受的信息强化,就变成他坚实的自信,令他受用终身。这已经不是考级本身的事情了。

3. 爸爸与小孩的互相给予

在我和赵洪云初恋初婚的岁月,他十分清贫。尽管他对自己的未来充满信心,但他还是想尽一切办法及时送我

各种礼物，尤其是女孩子喜欢的衣物、饰品。他曾经写信给我说：一个女人要在年轻时穿几件记得住的衣服。是的，当我回忆青春岁月，附着在他送我的那些裙衫上的青春历历在目，鲜艳如昔，但其他青春时光似乎就模糊了。他的爱，让我知道我拥有过青春，并且从未失去。比如一双意大利进口白色皮鞋，花了他一整月的工资，第一双崭新漂亮不夹脚的鞋，配着宝石蓝的长袖绸衬衫，春天桃花红的撒花长裙。其实那时候他每月的工资不过100元。过了30年后，即使是一双数万元的鞋子，也无法像那样打动我了。

等他成了爸爸，他及时行爱的深邃心情就在小孩身上体现出来。他要在孩子的童年植入幸福和自信的源代码。他敬畏时过境迁，陪同孩子获得能力、自信的过程，也是父子相爱的最美时光。

当年为了与我团聚，解决夫妻分居问题，他重新规划了人生轨迹。34岁以后，他一直在思考人生再次转型：如何围绕儿子创业。似乎亲爱者的每一个枝丫，都可以嫁接他的人生。因为我要考研，他重新考清华读书；因为我到北大读书，他选择到北大工作；因为想给父母安适的生活，他离开北大；他跳槽到我工作的单位附近，以便我能走路上下班；为了儿子学琴，他发明贝多钢琴陪练机，并且以此为事业，完全转型。他为了亲爱者，不断更改更新自我，但从来都没有失去自我。反过来，他甚至感谢亲爱者成全了他。

2013年10月，他带着贝多钢琴陪练机参加上海国际乐器展，大受欢迎，他对卿与由衷感谢，感谢这个小孩给他的动力，让他最终找到了自己最热爱的事情。

这真的就是他最热爱的事情吗？当然是。但我想，如果当初，我生的是一个可爱的女孩，天赐的女孩，女孩要学芭蕾舞，他又会搞出什么名堂，成为他的人生志业，成为他的所爱呢？

爱是一个魔术棒，让他点石成金，处处充满可能。也许，上天给了深爱者大大的特权，赵洪云以赐不可辞的心

情静默地领受了。他的知识结构、智慧、毅力、勤奋陪着他一起领受。

这个静默的人，某一天忽然对我说：我们给儿子录个音吧，他快到变声期了，把他的童音留下来。

这个静默的爱者，平时会默默写点文字给儿子，就像在当年的初恋岁月给我写诗，给我写近百万字的情书一样。给小孩的文字，也许是空谷天籁，有些很机智、很豁达，有些很天真、很稚拙。这些文字，就像一个正在换牙的小孩张开的小嘴。我是喜欢的，甚至故意去寻找瑕疵。

亲爱的老朋友和新朋友，我也邀请你来分享，一个爱者，对着儿童的宇宙，喃喃发出的寂寞温暖的私语。

爸爸与小孩 ③

赵洪云 著

中国民族文化出版社
北京

图书在版编目（ＣＩＰ）数据

爸爸与小孩 / 赵洪云著 . -- 北京：中国民族文化出版社有限公司, 2025. 4. -- ISBN 978-7-5122-1980-9

Ⅰ . G78-49

中国国家版本馆 CIP 数据核字第 2025WQ8387 号

爸爸与小孩
Baba Yu Xiaohai

策　　划：张晓萍
作　　者：赵洪云
插　　画：豆果汤
责任编辑：张晓萍
装帧设计：姚　宇
责任校对：江　泉
出　　版：中国民族文化出版社
地　　址：北京市东城区和平里北街 14 号（100013）
发　　行：010-64211754　84250639
印　　装：小森印刷（北京）有限公司
开　　本：130 mm × 185 mm　1/32
印　　张：23.625
字　　数：300 千
版　　次：2025 年 4 月第 1 版
印　　次：2025 年 4 月第 1 次印刷
标准书号：ISBN 978-7-5122-1980-9
定　　价：158.00 元（全 3 册）

自序

回顾写《爸爸与小孩》的过程，有点不可思议。

从无意间的几个小段落开始，在朋友们的鼓励下，

从小孩上幼儿园开始，陆续写到他高中毕业。

在这个过程中，我学为人父。

陪伴着一个小生命，从他年幼懵懂到行将成年。

每个父亲都自觉不自觉地引导或塑造着他的孩子。

作为理工男，我与小孩互相陪伴的过程，自然是一种"理科"模式。

于是，在《爸爸与小孩》系列中，自然万物成为我顺手的凭借。

我认为人文世界的方方面面，无不与自然世界息息

相通。

　　人类文明的诸多方面——

　　我们的努力，我们的能力，我们的品行修为……

　　都能在自然世界找到可比可兴之所在。

　　冷静地说，每个人都是凡夫俗子，都是肉身凡胎。

　　我们是这个世间的现在，也必然会成为这个世间的

过去。

　　来于自然世界，也归于自然世界。

　　我们和世间万物共同分享、共同承担这个结局。

　　自觉或不自觉，自愿或不自愿，

　　我们每个人都会面对精神与灵魂的困扰。

　　人毕竟是人，总是试图在某些方面超然于物。

　　也许，在《爸爸与小孩》中，我有意引领小孩去思考

这些方面。

思考一点什么，或者做一点什么，

也许可以给我们凡俗的人生打上一点点不那么凡俗的

印记。

哪怕一点点，也许我们的人生面相可以稍稍不同。

相比于前两辑，第三辑讲的很多道理，

也许小孩们读过或听过后并不完全理解，

有些地方，甚至会觉得"絮絮叨叨"，

不过没有关系，小孩们自然会成长。

等小孩们自己也成为爸爸或妈妈的那一天，

他们也许会明白，

这是一个爸爸对即将成年的小孩的殷切嘱托。

我相信，哪怕只是微弱的一道光，

只要能引起他们对这束光的感知，

感知这道光的特别，他们也就能走向更深邃的方向。

在接小孩放学的路上，

我指给小孩看某个女生挺拔昂扬的走路姿势。

我说，这个女孩的这种姿势，可以称为亭亭玉立。

你们男孩，如果能有这样的身姿，就可以称为玉树
临风。

这种姿势，不只是形体上的，我希望也能是思想上、精神上的。

借助《爸爸与小孩》系列，我希望在精神层面，

每个小孩都能有一种自觉的意识，

他们能意识到，自己也可以长成亭亭玉立、玉树临风的模样。

赵洪云

2020 年 5 月 25 日

目　录

谨以此书纪念陪小孩走过的高中时光

人群中

1

升学了。

爸爸和小孩到新学校报到。

熙熙攘攘，人头攒动。

兴奋，激动，紧张。

分班列表上密密麻麻。

每个同学都变成了一个数字。

爸爸和小孩一起去找班级教室，

向几个高年级学长问路。

学长们详细严谨的回答令人印象深刻，

热心诚恳的神情令人愉悦。

2

回家的路上，爸爸问小孩，

你在报名的人群中是什么感觉？

有被淹没的感觉，小孩说。

爸爸说，我曾经也有一样的感觉。

尤其从高中到大学，

好像一条小鱼突然游到了汪洋大海。

大学校园里好几万学生，

很多优秀的人聚在一起，

感觉自己就像沧海一粟，

突然找不到熟悉的感觉和节奏。

周围的人都在忙忙碌碌。

图书馆，教学楼，体育场，

到处都是"济济一堂"的景象。

我也想忙起来，

但好像不知道要忙什么，

一度感到压抑、自卑、心情郁闷。

3

那你是怎么适应的？小孩问。

爸爸说，我现在总结，就是要让自己井然有序。

在人群中，我们要看清这个真相——

虽然每个人看上去都在忙，

但其实，每个人都只是在忙跟自己有关的事。

一个人不可能干所有人的事，

没有人有三头六臂，都不是神仙。

所以，不要在意别人做什么，

做好自己该做的事就好。

自己要有一股定力，专注于自己的事情，

不要被别人的节奏带乱。

所以，自我管理、自我规划非常重要。

就是要明白自己应该干好哪些事情。

制订一个计划或目标，

比如，今天有几门课程要上，

有多少作业要写，有哪些书要看，

什么时间去操场锻炼……

自己有自己做事的节奏，

对每件事心中有数，并认真完成。

可是，有些人太厉害了，

简直就像"超人"，小孩说。

爸爸说，"超人"只是个假象。

"超人"只存在于"非超人"的眼中。

虽然人和人在各个方面都有差异，

有些人天赋更好，有些人出身更好，

但实际上，

可能每个人都会认为自己只是个"凡夫俗子"。

"超人"自己也不会承认自己是"超人"。

4

当一个人面对自己不知道的问题，

或者不知道如何解决的难题，

会感到迷茫，甚至心慌。

当看到某些人好像什么都懂、什么都会的时候，

就容易把他们的能力看得高深莫测，

从而羡慕，仰望，

可能有意无意高看别人，贬低自己，

甚至怀疑自己的能力或智力不够。

多数时候，这样的状况并不真实。

只要我们努力，舍得投入时间和精力，

找对路径和方法，不断学习和练习，

我们也可以在某个方面变得精通起来，

成为某些知识或技能上的"超人"。

一旦成为这样的人，

我们就会觉得当初的妄自菲薄太没必要。

就跟你钢琴学到演奏级一样。

不会弹琴的人，

可能对你现在行云流水的弹奏感到神奇无比。

但你自己清楚整个学琴过程，不过是日积月累，

自己长年累月地坚持练习，

造就了别人眼中瞬间的"神奇"。

所以，先不要自己放大困难，

而且，面对难题，要行动起来。

如果一番努力过后，效果仍不满意，

可能因为我们努力不够，

或者没有找到正确的路径或方法，

需要继续去努力，去探索。

不要灰心丧气，或者轻易否定自己。

5

如果始终找不到方法怎么办？小孩问。

有个法宝叫"诚恳"，爸爸说。

真的吗？小孩微笑。

当然啊，我慢慢说给你听。

不但要对别人诚恳，对自己也要诚恳。

对别人诚恳，就是真心赞赏优秀的人。

我们不要吝惜对优秀者的赞叹，

对他们大方地伸出大拇指，

诚恳地说一句：哇，你真厉害！

对别人真心地认可，诚恳地赞美，

说明我们的心胸是敞开的，是大度的。

对优秀的人和事，看得见，愿意接纳，

表示我们愿意成为优秀的同路人。

面对优秀，不诚恳的态度是什么？爸爸问。

诚恳的反面是虚伪吧，小孩答。

爸爸说，从字面看是对的，

我认为，不诚恳的态度是嫉妒。

心生嫉妒的人，就可能认为别人的优秀是侥幸，

看不到别人的努力，自己也不愿意努力，

可能把精力放在旁门左道或投机取巧上。

嫉妒，像一道坚硬的墙壁，

阻碍了我们接近优秀的真相。

而诚恳，让我们心中没有墙壁。

心中没有嫉妒，我们就可能和优秀的人交朋友。

有疑问需要帮助，就可以向他们请教。

优秀者的经验和方法，是无价之宝。

诚恳，不但可以让我们走捷径，

还可以让我们在优秀的人群中心情愉快。

6

那为什么对自己也要诚恳呢？小孩问。

爸爸说，对自己诚恳，就是要看到自己的不足，

分析自己在哪些方面还需要改进。

同时也要看到自己的长处，并发挥这些长处。

觉得自己做好了某件事，也要赞美自己，

对自己说，你真棒！

对自己诚恳，

可以让我们在人群中找准自己的位置。

从而找到努力的路径和方向。

还记得那几位给我们认真指路的学长吗？

我想，就是因为他们心怀诚恳，敞开胸怀，

他们乐于助人，

他们的微笑也令人愉快。

感觉他们并没有被密密麻麻的人群淹没。

因为从他们轻松自信、热情主动的神情举止上，

我们仍能感受到他们作为个体的明亮。

59 分

1

小孩参加某中学组织的活动。

校园面积大，环境幽静别致，

发现校园里有男女生成双结对，

刚好在这个学校有认识的同学，

小孩打听到一些情况。

据说这所学校行开放之风，

对学生恋爱现象不太干涉。

小孩告诉爸爸，某某也谈恋爱了。

爸爸说，这个孩子体格健壮，

心智也比较成熟，有超出同龄人的稳重，

学习成绩好，很会照顾体贴人，

跟人互动好，情商高，

这种男生自然容易获得女生好感。

如果学生中有恋爱风气，

这样的男生谈恋爱倒也不奇怪。

你的意思是，他是因为优秀，所以才早恋?

是的，我也经历了学生时代嘛! 爸爸说。

我们从早恋的学生身上，

确实可以发现他们身上的闪光点。

因为这些闪光点，容易获得异性同学的关注。

比如，有些学生成绩优秀;

有些学生很会照顾人，感情细腻;

有些学生性格豪爽，心胸开阔，大气。

这个孩子我正好比较了解，

所以猜测也是这样的情况。

难道说早恋是对一个人优秀的肯定？

小孩不太理解。

爸爸说，从某个方面看，可能是这样。

如果你留意观察，

会发现他们身上某个方面的优点。

你是不是也早恋过？小孩问。

爸爸说，哈哈，我可没有呢。

那是你不够优秀吧？小孩说。

哈哈，该不是吧，高中毕业时也有女生向我表白哦。

其实她三年来一直很欣赏我。

现在想想，我真应该感谢她呢。

2

为什么要感谢呢？小孩问。

幸好她是在毕业时才表示那个意思。

因为她也恰恰是我欣赏的那一类女生。

如果是在前几个学期表示，我也许真就恋爱了呢。

我那时候并不明白是否应该恋爱。

后来我认为这个女生是真会体贴人。

她知道把握自己，

知道什么时间是正确的时间，

知道在什么时间不去打扰别人。

你认为恋爱是一种打扰或麻烦吗？小孩问。

我觉得至少在中学期间是这样，爸爸说。

因为要处理好精力和时间的分配，

以及复杂的情感关系甚至人际关系，

真的不容易啊，毕竟才十五六岁的中学生。

大人都处理不好，何况是小孩。

其实也是对自己的打扰。

3

为什么对自己也是打扰？小孩问。

学生可能会对一个数字特别敏感，

你知道是什么吗？

是 100 吗？小孩猜道。

再猜。爸爸卖关子。

那就是 60，及格的分数。小孩继续。

我说的这个敏感数字是 59。爸爸微笑。

这个数字之所以敏感，

是因为它有冷幽默的味道。

如果一门重要的功课只考了 59 分，

其实反映出很多问题。

有点苦涩，因为在心里会留下不好的记忆。

有点遗憾，因为差一点就及格了。

有点压抑，因为这个遗憾还不好意思说出口。

因为一旦说出口，

就暴露出他只想把及格作为自己的目标。

说明他对自己的要求很低，苟且凑合，得过且过。

同时也说明他可能走了一段弯路，

需要花很多时间去弥补。

而一些中学生的恋爱，

就好比这个 59 分。

为什么这么说呢？小孩好奇。

因为恋爱这件事的特殊性，爸爸说。

恋爱，是一种极致的生命体验，

甚至可以说是生命的巅峰体验。

恋爱的极致状态，是真的可能生死相许的。

恋爱中的思念，真的是一日不见，如隔三秋。

爱到愿意为她憔悴，为她赴汤蹈火。

这不是文学虚构的情节，而是千真万确的。

我们最好相信这一点，尽量去争取 100 分。

这是生命赋予我们的一种特权，

我们要善待它。

与相爱的人相互拥有这种体验，

是相互的恩赐。

如果与相爱的人能相互给予这种体验，

也是以后人生幸福的源泉。

如果没有这种体验，就是 59 分的恋爱？小孩问。

就是啊！如果没有，就只能是一种无奈或遗憾了。

爸爸说，如果因为看别人恋爱了而恋爱，

随随便便就谈一场所谓的恋爱，

实际上并没有真正恋爱的感觉，

这样的恋爱，就不是真正的恋爱。

如果是这样，就是对自己不负责任，

当然也是对另一方不负责任。

4

可是，怎样才能有这种体验呢？小孩问。

简单说来，需要我们的内心足够纯净或纯粹。

需要我们有足够的时间和精力，

能够专注在对方身上。

我们可以拿美食来打比方。

精美的食物，需要环境的配合，

还需要我们自己的心情、味觉和胃的配合。

匆匆忙忙是品尝不了美食的。

如果在不合适的时间吃了某种不该吃的食物，

可能消化不良，可能肚子疼。

这种食物甚至给我们留下挥之不去的坏印象，

可能我们一辈子也不再认为这种食物是一种美食。

就好像有的人一辈子都吃不了榴莲？小孩说。

还真的有点像，爸爸说。

如果吃榴莲之前，他先有个了解，有个心理准备，

可能会对榴莲的特殊性保持接纳的心态，

如果他第一次吃榴莲，获得的是美感和享受，

也许他就能真正品尝到榴莲的美味。

一个人不吃榴莲，可能算不上什么遗憾。

如果一辈子都没有真正恋爱的感觉，

那就是真的很遗憾了。

5

那他们为什么谈恋爱？小孩说。

可能每个人恋爱的动机不一样吧，爸爸说。

可能有些人把恋爱当成一种时髦?

或者有些人把恋爱当成中学"必修课"?

有些人觉得,周围值得自己追求的人少,

有些人觉得,周围欣赏自己的人少,

一旦互相有了好感,就赶紧行动?

担心好男生或好女生很快会被"抢"光了?

就是觉得恋爱资源稀缺?小孩笑着总结道。

此时的天空,正好有一大群候鸟飞过。

附近的枝头,停了几只鸟儿在觅食。

爸爸说,这就好比一只鸟儿变成了近视眼,

眼睛只能看到眼前的几棵树。

如果把眼界稍微放开阔点,

只要自己愿意飞得足够高,飞得足够远,

总能找到适合它栖息的大森林。

诚实

1

学校举办辩论赛。

小孩目睹了激烈的辩论过程，

辩手口若悬河，唇枪舌剑。

放学路上，小孩和爸爸一起讨论。

小孩说，辩论赛的正反是靠抽签决定的。

即使自己不支持某个观点，

也要想方设法为这个观点辩护。

辩手其实是为了辩护而辩护。

爸爸说，辩论赛其实是一种思维训练。

辩论，就是逻辑、道理之争。

辩论过程，是肯定与否定的过程。

辩论的目标，

是通过否定对手来证明己方观点的正确。

辩论赛，可以将某个话题的各种观点呈现出来，

让听众去思考。

辩论赛，是一种表演，并不是生活。

所以，双方的心态都是很超然的。

2

就是"超然物外"的超然？小孩问。

是。好比演戏，演员本人知道自己和戏中人是不同的。

对辩手来说，

真正的自己与观点中的自己是分开的。

所以辩论双方才显得很轻松。

即使己方的观点被否定，也不会真的生气。

否定对方的观点，是辩论赛的规则。小孩说。

是，否定自己肯定对手就"犯规"了。爸爸说。

辩论赛是比赛，比赛就要有输赢。

输赢也是裁判决定的。

辩论赛的赢，不是赢在观点正确，

而是赢在辩论技巧——

包括思维逻辑的严密，表达的准确……

可现实中的观念之争，不是辩论赛。

没有比赛规则，也没有裁判。

在现实中，否定别人，可能让别人生气。

否定自己，又太困难。

所以，现实中的观念争论，就会很复杂，

很难有完美的结果，而且不会轻松。

3

为什么否定自己太难？小孩问。

爸爸说，否这个字，拆开来看就是"口"和"不"。

"口""不"，就是说不的意思。

否定自己，就是对自己说不。

否定自己，也叫"自我否定"。

自我否定，有时候是非常痛苦的。

首先，自我否定会引起连锁反应。

因为人的行为，是靠观念来支配的。

否定自己的观念，

就可能需要否定自己过去的行为。

而每一个行为都是有代价的，

比如，时间代价、物质代价……

否定时间代价，可能就要承认"虚度年华"；

否定物质代价，可能就要承认"得不偿失"……

自我否定，可能还意味着情感上的"残忍"。

年轻人自我否定，就好像要承认自己"幼稚"；

中年人自我否定，就好像要承认自己"愚蠢"；

老年人自我否定，就好像要承认自己"这辈子白活了"。

一个人自我否定，也许只是个人的事。

一个群体自我否定，就可能需要否定这个群体的历史。

如果这些观念来自祖先，

就可能需要从否定自己的祖先开始。

所以，群体的自我否定，就更加艰难。

如果这个群体观念不统一，

群体的自我否定就难上加难。

甚至造成这个群体的四分五裂，甚至分崩离析。

4

小孩说，现实中，好像什么事都可能引起争论，

连吃饭、睡觉这种事都可以争论。

爸爸说，好像还真是这样的。

吃不吃，吃什么，吃多少，是问题；

什么时间睡，怎样睡，睡多久，也是问题；

1 + 1 = 2 这样的问题总不用争论吧。小孩说。

爸爸说，数学问题好像是最单纯的，

数学问题的正确答案也几乎是唯一的。

但数学问题也可以很深奥，

即使有人把数学问题解出来，

也可能超出别人的理解力。

比如 1 + 1 = 2 这个问题，人人都会。

如果把这个问题升级一下，也可以非常复杂。

有个数学问题就可以用 1 + 1 = 2 来比方。

这个数学问题就是——

一个大于 2 的偶数，总可以用两个素数相加。

1 + 1，表示两个素数。

2，表示一个偶数。

1 + 1 = 2 的问题，就是著名的"哥德巴赫猜想"。

这个数学问题，直到现在都还没有被完全证明。

你知道什么是合数和素数吗？爸爸问。

小孩说，合数，就是可以用两个数相乘得到的数，

这两个数不包括 1 和本身，

比如 6 可以通过 2 乘 3 得到，所以 6 是合数。

素数，就是不能通过两个数相乘得到的数，

比如 2、5、7、11 就是素数。

可是，有人不理解什么是合数和素数。爸爸说。

如果连基本概念都没有，也就没有争论的基础。

这时候去争论 1 + 1 = 2 的正确性，

就好比用不同的语言，在不同的屋子里说话，

也就是所谓的"鸡同鸭讲"。

人和人的观念之争，远比数学问题复杂，

所以，人和人需要沟通。

沟通，甚至要从最基本的概念开始。

对观念的理解和接纳，就更需要主动做功课。

5

你知道 8 和 12 的最大公约数是几？爸爸问。

这个我知道，是 4。小孩说。

人和人之间也有个最大公约数。爸爸说。

是吗？那是什么？小孩觉得这个说法很奇怪。

人和人之间的"最大公约数"就是诚实，爸爸说。

诚实，就是说真话吗？小孩问。

诚实，包括说真话，但不只是说真话。爸爸说。

诚实，还包括求真的意愿，以及改正错误的意愿。

相对于说假话而言，说真话，几乎是人的第一反应。

测谎仪就是利用了这个原理？小孩问。

就是！爸爸说。

人在说假话的时候，脑子会有迟疑，会有犹豫。

说假话需要构造一个逻辑链条，

他要考虑前后逻辑的一致。

这个一致，是需要"用心"编造的。

而说真话，前后逻辑，是事实上的一致，

或自然而然的一致。

所以，人说假话，动的脑子比说真话多，

消耗的生物能就处在较高的水平。

而说真话消耗的能量，是最少的。

小孩问，说真话其实也符合"能量最低原理"？

对！你这个灵感非常妙！爸爸赞叹。

那，求真，就是追求真理吗？小孩问。

求真的真，不一定就是真理这么高的说法。

求真的真，也包括真相。

求真，也是人类思想或意识中的天性。

面对疑问，不知道什么是对什么是错的时候，

我们总想追问确切的答案。

而诚实，才是最直接最有效地到达真相或真理的路径。

否，如果拆为"口""不"，就是说不。

否，还可以拆为"不""口"，就是不说。

这个顺序，好像也有启发意义——

把"不"说出口，才有沟通和被理解的可能。

如果想否定但"不"说出口，

别人就无法知道你的真实想法。

或者，说出口的不是自己真实的想法，

这就叫心口不一，是不诚实的表现。

所以，不诚实，就会让争议或矛盾变得难以解决，

不诚实，也是很多争议变得不可解决的真正原因。

6

人不愿意自我否定，也是因为不诚实吗？小孩问。

爸爸说，有时候是因为不诚实，

有时候是因为认知水平未达到。

所以，能完成一次心悦诚服的自我否定，

往往意味着认知水平、思想水平的一次提高。

如果能以诚实的态度来面对自我否定，那么——

青年人完成自我否定，

就可能变得更加成熟；

中年人完成自我否定，

就可能会达到"四十而不惑"；

老年人完成自我否定，

就可能会到达所谓"朝闻道，夕死可矣"的高度。

7

一个群体要完成自我否定，就更加离不开诚实。

可是，一个群体要做到诚实也不容易吧？小孩说。

爸爸说，群体诚实是不容易，但比群体不诚实容易。

而且，也有个关键，

这个关键就是——尊重历史真相。

尊重历史真相，就会去探寻或追究历史真相。

历史真相，好比辩论赛的论据。

群体中的每个人，都是辩论赛的辩手。

我们说以史为鉴，就好比——

思辨中的"辩手"，会自觉或不自觉，

以群体的历史，作为重大议题的论据。

论据是可信的，结论才可能是正确的，

在重大问题上，群体中的大多数人才可能形成共识。

尊重历史真相，才能避免族群内部被严重撕裂。

所以，诚实，

还是让一个群体团结起来的最稳定的黏合剂。

因为让一个群体全都不诚实是非常困难的。

只要有人不诚实，

总会有少数诚实的人站出来说出真相。

总会有《皇帝的新衣》中那样的小孩？小孩问。

就是啊！爸爸说。

承诺

1

楼下有环形路。

路边有小溪。

溪边有个松木亭。

爸爸和小孩在楼下跑步。

跑完步就坐在亭下的长凳上聊天。

小孩摸着手腕数自己的脉搏。

心脏很神奇,小孩说。

我们几乎感觉不到它的存在,

可是它却在昼夜不停地工作。

身体睡着了它还在工作。

甚至生病了它还在工作。

这么想，心脏还真是很神奇，爸爸说。

胎儿的其他部分还没有发育成型，

心脏就已经开始跳动了。

一旦开始了第一次跳动，

它就一刻也不会停下。

2

如果说生命是一场命中注定的约会，

那么心脏就是最忠于缘分的那个人，

也是最积极主动的那个人。

最早赴约，最晚告别。

为什么是最晚告别？小孩问。

爸爸说，当生命不得不告别它的舞台的时候，

也许大脑已经没有知觉了，

腿脚都不听使唤了，可是心脏还在跳动。

好像它还在对这场不忍分别的约会，

做着最后的努力。

3

生命本身也就像人间？小孩问。

生命本身就是一场守候和承诺，爸爸说。

所以，我认为生命本身更像一个家庭。

每个器官就像是家里的亲人。

有缘相亲相爱的人，注定要在一起，

共同经历人世的繁华、忧伤和寂寞。

心脏，不轻言承诺。

一旦承诺，就是相守一生。

信守承诺是一种品格吧？小孩说。

是。信守承诺，不只是品格的体现，

其实也是能力的体现，爸爸说。

没有能力，就无法兑现承诺。

没有能力保证的承诺，是虚幻的，

也是经不起时间考验的。

心脏从一开始就知道自己的责任，

从一开始就准备了强壮的体格。

因为它必须以准确恒定的节律，

推动生命的进程。

它知道自己随时都要积极主动，

不能拖拖拉拉，懒散懈怠。

4

心脏好像从不知道休息？小孩问。

爸爸说，心脏不是不知疲倦，

而是自有它的智慧啊！

真正的智者都懂得休息嘛。

心脏深知自己任重而道远，

所以它张弛有度。

用力收缩后的每一次舒展，

就是它休息放松的时机。

它争分夺秒，又不局促慌张；

它恪尽职守，又不透支全部。

所以，它能信守一生的承诺。

为什么心脏就像优秀的人一样，

具有这些优秀的品格呢？小孩问。

爸爸说，因为，我们的生命本身，

就守候着我们的整个人生。

所以，生命本身的密码，

也就蕴含了人生的密码。

人的一生会做出很多承诺，

对家庭承诺，对爱人承诺，对社会承诺……

其实，一个人从少年开始，

就在为这些承诺做准备。

做哪些方面的准备呢？小孩问。

品行，智慧，能力。爸爸说。

方 向 盘

1

爸爸曾经带着小孩在公园学开车。

这是一种玩具车，

最快速度大致与人步行的速度相当。

但方向盘的感觉和真车一样，

方向盘最多可以转两圈半。

小孩很快就发现了方向盘的奥妙。

问爸爸，转 S 型急弯的时候，

为什么方向盘要转两圈多才转到头？

前轮转多大的角度，方向盘就转多大的角度，

这样操作起来不是更简单吗？

爸爸说，好像还真有这样的设计。

方向盘的转动可以用角度来计算，

车轮的转动也用角度来计算。

两者之间的比例关系，叫转向比。

你所说的这种设计，转向比是 1∶1。

1∶1 的设计，转向更直接。

可能结构也更可靠，操作也更灵敏。

但，这样的设计会有明显的缺陷。

为什么会有缺陷呢？小孩问。

因为车是给人开的，

人的反应是需要时间的。

而且，人不是机器，是很容易出错的。

太灵敏了，容错的范围就很狭窄。

开车的人稍不留神，就可能撞墙、撞人或撞车，

反而容易出各种交通事故。

所以，1∶1 只用于 F 1 赛车。

F 1 赛车只有专业赛车手才能驾驭。

而普通汽车的转向比是 16∶1 左右。

就是说，方向盘转 16 度，前轮才转 1 度。

这种设计，好像反应变迟钝了！小孩说。

是啊，是迟钝了。

不过，容错范围也变宽了。

如果车轮转向的容错范围是 1 度，

通过方向盘，容错范围就放大到 16 度。

能够大范围容错，

更加符合人类反应的真实情况。

或者说，更加符合人类的生理特点。

只要熟悉了这种转向感，开车反倒更加安全。

你现在熟悉了小车的方向盘感觉，

长大后学开真车就容易多了。

因为对方向盘的感觉，是不需要大脑参与的，

可能是记忆在小脑中或肌肉中吧。

就跟你学骑车、学轮滑、学游泳一样，

一旦学会了，一辈子都不会忘记，

甚至都不需要"复习"。

2

一天晚上，爸爸和小孩正在卫生间洗漱，

突然听到对面楼上传来吵架的声音，

还有玻璃物品砸在地上的声音。

爸爸说，看来，邻居家里又闹矛盾了。

前几天听物业的人议论过，

有人投诉邻居半夜吵架的问题，

希望物业出面去帮助调解。

但物业的人感到很为难，建议投诉的人打110。

他们为啥吵架？小孩问。

具体情况就不知道了，爸爸说。

家庭矛盾似乎都很复杂，

每个家庭的情况也都千差万别。

不过，家庭矛盾多半都跟人的性格有关，

而且大多是因为鸡毛蒜皮的小事，

有些人容易激动，容易情绪化，

一言不合，就可能火冒三丈，

久而久之，就变成习惯，积习就难改嘛。

吵架多了，就会伤感情，伤亲情，

家庭矛盾，就可能变成难以解决的"大问题"。

急性子的人更容易跟人吵架？小孩问。

是啊。急脾气的人，优点很明显，缺点也明显。

急脾气也是优点？小孩问。

当然，急性子的人，做事风风火火的，

做事讲效率，跟人互动也反应敏捷，

在多数情形下，这是优点。

但是，如果拿捏不好分寸，也就可能变成缺点。

因为他们喜欢快人快语，

有时也就无法容忍别人的过失，

有些人说的某句话可能不得体，或者动作慢半拍，

他们就可能一下子爆发出来，劈头盖脸臭骂一顿。

让别人难以招架，让场面非常难堪，甚至失控。

急性子的人，他们自己会后悔吗？小孩问。

会后悔啊！他们后悔也很快。

他们内心很矛盾，会不断调整，

会想办法去补救，甚至去道歉。

每次情绪失控，他们都可能元气大伤，

对他们的外在形象也是一次损害。

而且，多数时候还会留下"后遗症"，

给家人、朋友或同事关系，留下隐形的伤疤。

何况，坏印象比好印象更加令人记忆深刻。

3

为什么会有急性子呢？

躺在床上，小孩想继续探究人的性格问题。

爸爸说，我们每个人一生都在与自己的性格为伴。

驾驭好我们的性格，性格就是朋友；

驾驭不好我们的性格，性格就像是敌人。

这让我想起了咱们学开车的过程。

人的性格，就好比汽车？小孩说。

对啊，汽车转弯需要容错空间，

人和人相处也需要容错空间。

急脾气，就好比转向比为 1：1 的赛车。

赛车反应敏捷，但容错范围狭窄，安全驾驭就很困难。

世界上 99% 以上的人都是开普通汽车的，

普通汽车转向看似更加迟钝，但更加安全。

开职业赛车的人远不到 1%，

但急脾气的人可远不止 1% 啊！

所以，家庭中、工作中"撞车"的现象就时有发生。

人和人相处，难免意见分歧，难免出现争论，

但最好给自己给别人留下足够的容错空间。

所谓事缓则圆，多数时候慢半拍并不是坏事。

给别人留回旋余地，也是给自己留回旋余地。

以免把人际关系搞僵，把事情搞砸，

事后又后悔，还得想办法去补救。

4

人的性格能改吗？小孩问。

难改！爸爸说。

所谓江山易改，本性难移嘛。

为什么难改？小孩问。

人的性格，就好比人的长相，人的血型。

有些特质，是与生俱来的。

谁都希望自己有个好性格。

如果性格很容易改变，

那每个人都会有一样的好性格了。

这就好比每个人都有相同的长相，

都是清一色的帅哥美女，风度翩翩的君子绅士。

如果是这样，这个人类世界也未免太单调了吧。

正因为人和人的差异是客观存在的，

所以，我才是我，你才是你，他才是他。

5

性格不好，就没办法了吗？小孩问。

也有办法，那就是多了解。

了解人和人的客观差异，就是进步。

其实，急性子和慢性子，只是差异中很小的方面。

每个人在某方面的理解力、领悟力、感受力都有差异。

每个人的强项、弱项、盲区，也有差异。

这些差异，也是人和人差异中不可忽略的部分。

所谓，人无完人，

各有所长，也各有所短。

了解到自己的性格缺陷，就要想办法去克制。

虽然性格本身没有改变，但表现的方式可以改变。

懂得运用理性，去自我克制，自我约束，

这就是进步。

中学和大学有必修课和选修课的说法。

其实，自我克制和自我约束就是一门功课，

而且是一个人一辈子的必修课。

你知道这门功课叫什么名字吗？

叫礼仪？小孩不太确定。

叫修养。爸爸说。

扶不扶

1

"扶不扶"几乎成了时代问题,

小孩自然也知道了。

一天傍晚,爸爸与小孩在公园散步,

看到很多老年人来来去去。

小孩问,如果有老人摔倒,你会去扶吗?

当然会去扶。爸爸说。

你不怕被讹吗?小孩问。

爸爸说,我觉得,"扶不扶"是一个假问题,

因为一些假象,假问题变成了"真"问题,

也就是人们常说的"以讹传讹"。

难道那些新闻报道不是真的吗？小孩问。

应该是真的。爸爸说。

正因为是真的，

所以才让"扶不扶"变成了一个"真"问题。

为什么呢？小孩问。

你想啊，新闻，之所以成为新闻，

就是因为这个事件必须具有新闻的属性。

就是说，这件事本身，必须足够罕见和新鲜。

2

如果某个老人摔倒，自己起不来，

刚好旁边的人看到了，把他扶起来，

老人或老人的家人对扶他的人说声"谢谢"。

于是，整件事情似乎就结束了。

因为整件事情太正常不过，毫无新闻价值。

比如，某月某日，张老太在一棵枣树下摔倒，两分钟后，被隔壁李二娃扶起。

这样的新闻，没人会去报道。

你想想看，全国有多少老人？

每个人都有父母，爷爷奶奶，姥姥姥爷。

所以，几乎家家户户都有老人。

而老人又是身体最衰弱的群体。

老人容易摔倒，可以说是一个常见现象。

老人摔倒被看到的人扶起，

这样的事情，我相信，

全国范围内每天都有可能发生。

而这才是常态。

3

你的意思是，扶而被讹，是一个小概率事件？小孩问。

是啊。爸爸说。

正是这些极少数讹人的行为，打击了人们的善心，

把"扶不扶"这个问题变复杂了，

变成了一个让人们犹豫不决的问题。

虽然问题看似复杂了，但不足以成为不扶的理由。

还应该继续扶？小孩问。

当然！这就好比吃鱼和被鱼刺卡的关系。

我们不会因为听说别人被鱼刺卡住，

自己从此就不再吃鱼。

只会提醒自己，以后吃鱼要更加小心。

所以，"扶不扶"这个问题，也可以变一变。

怎么变？小孩问。

变成"怎么扶"的问题。爸爸说。

比如，我碰巧看到有老人摔倒，

我如果是第一个想去扶的人，

我可以发动周围的人，一起来扶。

如果看到别人主动去扶，我也可以参与。

或者上去问一下，需不需要帮助，哪怕做个见证。

如果周围只有你一个人呢？小孩问。

爸爸说，这种概率也太低了吧。

如果真有这种可能，我可能会问这个老人，

看看他的神志情况，判断是否紧急。

如果神志清醒，我就问他是怎么摔倒的；

如果神志不清，我就打 110 或 120。

4

记得你还在上小学时，

一天半夜，我发现邻居家门上插着一串钥匙。

我猜测是邻居忘了取钥匙，就敲邻居的门。

敲了几分钟，竟然没有反应。

我担心是邻居家遇到小偷了，

或者出了更可怕的事情。

我不敢也不能贸然开门进入别人的家里，

于是我就打电话给物业，

希望物业能进去查看究竟。

物业来人了，他们使劲用拳头砸门，大声叫喊。

一阵窸窸窣窣之后，门居然开了。

开门的是两位战战兢兢的老人，

他们果然是忘记拔钥匙了，

因为睡得太沉，竟然没有听到敲门声。

你为什么给物业打电话呢？小孩问。

爸爸说，我们想帮助别人的时候，

不能只凭着自己一时的热情和善良的冲动，

还要考虑所处的环境，所在的时间。

在能够利用公共资源的时候，

就尽量利用公共资源。

在能够借助外力的时候，就要借助外力。

善良，还得借助智慧，要动脑筋。

"扶不扶"的问题，也给善良的人们提了一个醒：

在帮助别人的同时，也要学会保护自己；

不要因为行善而受伤，因为受伤而放弃行善。

5

还有一次，我真的帮助了一个倒地的人。

你真的遇到过？小孩好奇。

爸爸说，有一天早晨，下着小雨，

我路过你们学校边上的小公园，

看到一个男人裸露着上半身，

很不自然地趴在湿漉漉的草地上，一动不动。

这显然很不正常。

他可能喝醉了，也可能生病了。

我站在离他 5 米左右的距离，向他大声喊——

喂！那位先生，需要帮助吗？

没有任何回应。

于是我拨打 110，给民警说了详细位置。

也告诉民警，我因为要赶路，无法在原地等他们。

你为什么不直接去扶他？小孩问。

爸爸说，我担心是打架斗殴之类的刑事案件，

这种情况可能需要保护现场。

我还担心万一他精神不正常，突然袭击我。

确保自身的安全，是帮助别人的前提。

过了大约 20 分钟，我再次打电话给 110，

询问民警是否到达了那个位置。

民警说，那个人好像是癫痫发作了，

他们已经叫了 120。

6

你为什么还要打一次 110？小孩问。

因为我要让整个过程形成"闭环"。爸爸说。

什么是闭环？小孩问。

爸爸说，闭环是个控制论术语。

大意是，信号发出后必须得到反馈才算发送成功。

既然是我打的电话，

我就不想让这件事情不了了之。

我要确认那个倒地的男子，确实得到了实质的帮助。

如果那个人真的得了重病，可能就有生命危险。

多打一个电话，只是多拨几个数字，

也许就可以挽救一个人的生命。

其实，我所说的这个"闭环"，

不应该只是一个理工科术语，

它应该成为我们这个社会大家都能够熟知的概念。

从我发出的信息，

我要确认得到了及时准确的反应。

这样，人人都可以追责，

人人也都可以负起责任。

这跟"扶不扶"这个问题也有关系吗？小孩问。

爸爸说，当然！拿"扶不扶"这个问题来说吧，

如果讹人事件是个新闻的话，

报道这个事件的媒体，就要负责追踪到底。

把整个事件的发生，到最终的解决，都要告诉公众。

并且最终把报道的重点，公众的关注重心，

从"扶不扶"转向到"怎么扶"的讨论上来。

这样，媒体报道也就形成了一个闭环。

从"扶不扶"这类公众普遍关心的问题，

还可以引出更高层级的"闭环"来。

什么样的闭环？小孩问。

爸爸说，法律相关部门，

肯定也会关注"扶不扶"的问题。

从立法，到修补，到完善，到执法，也是一个闭环。

　　这个闭环，才是保护扶人者的最大依靠，

更是维护社会良善的最坚固的基石。

光芒

1

家的周围，三面环山。

弯弯曲曲的公路，盘旋到山顶。

山上的路，好像从四面八方而来。

每一条路，也都好像可以延伸到四面八方。

大路边，偶有小路曲径通幽。

其中有一条路，叫"曹雪芹小道"。

据说，当年曹雪芹就是走这条小道，

翻山越岭往返两个村庄。

初春的周末，爸爸和小孩去爬山，

穿行在曹雪芹小道上。

树上，鸟儿叽叽喳喳。

阳光，从树梢上洒下来，

在路面上，发出耀眼的光芒。

爸爸和小孩，边走边聊天。

2

爸爸说，当年曹雪芹走在这条路上，

他看到的树，应该跟现在的不一样。

那时候的树林，应该更茂密，

那时候的路，也跟现在的不一样。

现在有水泥公路，更宽敞。

有防火功能，可以隔离山火。

也可以开消防车上山灭火。

那你认为哪些跟现在是一样的？小孩问。

不变的，是阳光吧。爸爸说。

太阳的光芒，会从树梢洒下来，

照得路面发光耀眼。

曹雪芹对阳光的感觉，

和我们此刻对阳光的感觉，应该是一样的。

他也会感觉到阳光的温暖。

但对这条路的感觉，却是不一样的。

为什么不一样？小孩问。

因为曹雪芹本人。爸爸说。

曹雪芹写出了流传后世的《红楼梦》，

我们知道了有曹雪芹这个人，

后人为了纪念他，也才有了曹雪芹小道。

于是这条路与其他的路就有了区别。

这个区别，不是形式上的，

而是我们在心里感觉到的。

而曹雪芹本人，可不知道这是曹雪芹小道。

3

这个说法有点奇特。小孩说。

因为人的感觉很奇特。爸爸说。

我们想起某些先贤，心里会觉得暖暖的。

想起某些历史人物，我们会感到敬佩。

想起他们，我们好像看见了一道光亮，

头脑里是一片豁亮的感觉。

在我们心里，曹雪芹就好像自带光芒的人。

我们走在这条曹雪芹小道上，

即使没有太阳，仿佛也能看到太阳。

是曹雪芹，让这条路充满了光芒。

你想想看，是不是这样？

小孩沉默，若有所思。

4

路边不远处，灌木丛中，

散落着几座小小的坟茔。

有的有墓碑，有的没墓碑。

在喧闹的阳光下，微小而安静。

这是附近村民埋葬亲人骨灰的方式。

坟的周围，隐约可见一些祭祀的纸钱。

爸爸说，你看那些小坟，

每座小坟，都代表一个逝去的人。

他的亲人为逝者修一个小坟堆，

并用地形或墓碑，做一个标志，

他的亲人在祭祀的时候，就能找到他。

这样处理死者的骨灰好吗？小孩问。

爸爸说，我认为，洒在山林，

或者埋在树下更好。

不需要棺木，不需要坟墓。

如果用骨灰来表示逝者的具体存在，

洒在山林，就是与天地长存。

埋在树下，就能与青山常绿。

春天山花烂漫，冬天白雪飘飘，

也算是诗意的长眠。

那他的亲人怎么祭祀他们？小孩问。

他的亲人对那座山遥望鞠躬，

或者走近那棵树说话或默哀，

都是很好的祭祀形式。

不过，最好的纪念，还不是这些。

5

那是什么？小孩问。

最好的纪念，在于逝者本身。

我刚才说，在后人眼里，曹雪芹是自带光芒的人。

其实，每个逝者，都可以自带光芒。

你觉得这光芒是什么？

是他们的思想，小孩答。

是，不只是思想，也包括德行，

包括他的才华，他的成就。

不过，对普通人来说，

也许不必非要有光彩夺目的思想，

或者某个惊世骇俗的壮举。

他生前的每一个小小的善行，

每一句让别人快乐的言语，

对别人表达的欣赏或赞美，

甚至，给别人带去的愉快的氛围，

都可以是他作为人的光芒。

他的亲友或后人，每每想到这些，

似乎也就看到了他身上发出的光芒。

这些光芒，无须亲临某个现场，

也就无须树立某个标志。

这些光芒，比墓碑久远。

因为这些光芒，播撒在人的心里，

这样的光芒，才是最永久、最纯净的纪念。

鬼

1

小孩学一篇古文，

知道了《聊斋志异》，

于是找到一整本书来看，

看到好些奇奇怪怪的鬼故事。

小孩问爸爸，这世上有鬼吗？

爸爸说，没有真的鬼。

或者说，没有具体的可以触摸的鬼。

鬼是人们想象的。

小孩问，是因为古人愚昧吗？

还是因为古时候没有科学？

这里似乎不必那么"科学"，爸爸说。

也可以说古人在某些地方很聪明。

鬼虽然不是真实时空中可以触摸的存在，

但想象中的鬼确实存在。

2

为什么想象中的鬼确实存在呢？小孩觉得新鲜。

你能想象出孙悟空吗？爸爸问。

当然！小孩脱口而出。

鬼之所以存在于人的想象中，也是同样的道理。

既然鬼在现实中没有具体的样子，

于是人们在想象中赋予鬼各种样子。

人们把不理解的、带来灾祸的东西，

想象成鬼的模样。

所以，鬼总是丑恶的、吓人的样子。

为什么要想象出鬼这种东西来？小孩问。

爸爸说，因为人们普遍喜欢善和美的事物，

憎恶一切邪恶的事物。

借用鬼这个概念或符号，来宣扬善恶。

做坏事的人是丑恶的，鬼也是丑恶的，

人们想象做坏事的人会下地狱，

会与鬼为伍，接受鬼的惩罚。

从善恶的角度来说，鬼就是具体的了。

3

那，鬼具体是什么？恶？小孩问。

这里的鬼，其实就是人。爸爸说。

人就是鬼，鬼就是人？！小孩惊讶道。

作恶的人，就是鬼。爸爸说。

大恶之人，都可以称之为鬼。

但，很多做坏事的人，不认为自己在做坏事，

他会说一些冠冕堂皇的假话来为自己辩解，

这就是成语所说的"鬼话连篇"。

他的同伙或帮凶，也会帮他遮掩，

鬼，都不会承认自己是鬼。

而且，人作为一种复杂的动物，

有时候还会"鬼迷心窍"——

可能他自己都意识不到自己是在干坏事。

所以人和鬼的边界变得模模糊糊。

人鬼难辨，才是真正可怕的地方。

如果鬼在脸上写着"鬼"字，

这样的鬼，反倒不可怕了。

4

我们在寺庙也会见到一些鬼。小孩说。

爸爸说，那是因为有智慧的先人，

把鬼这个概念扩大了。

鬼来自人的想象，也就是来自人的思想。

其实，真正让人变成鬼的，也是人的思想。

脑子里不好的思想，叫作"心术不正"。

产生了不好的想法，就可能产生不好的行为。

于是先人们把不好的思想和行为，

都用鬼的符号来象征。

有个词叫"心魔"，意思就是心中的魔鬼。

5

哪些是"鬼思想"或"鬼行为"？小孩幽默道。

几乎所有不好的思想和行为，爸爸说。

比如懒惰，偷盗，贪婪，自私，谄媚……

甚至包括说假话，生气，等等。

生气都算？小孩惊讶道。

爸爸说，是啊，随便乱生气，

可能做出追悔莫及的事来。

广义来说，如果不论"鬼"的大小，

几乎人人都可能"有鬼"。

何况谁都不是完人嘛！

那，人身上就只能"有鬼"了吗？小孩困惑。

爸爸说，也许人人无鬼太难，

但也有办法尽量让"鬼"远离。

什么办法？小孩问。

经常反思。爸爸说。

哈姆雷特

1

小孩有个作业是读世界名著，

包括莎士比亚戏剧作品《哈姆雷特》。

小孩读完《哈姆雷特》，

爸爸陪小孩在电脑上看了同名电影。

剧情好复杂！小孩说。

爸爸说，剧情还好梳理，

主要是每个人在特定情境下，

各自的想法和行为不太好理解和把握。

就像你学过的国际象棋的棋盘，

每个棋子都有每个棋子的小格子，

每个棋子都必须按各自的角色来移动。

车有车的移动规则，象有象的移动规则。

一旦棋子移动起来，棋局就可以千变万化。

剧作家所写的戏剧中的每个人，都是在写他们的人生。

所谓人生如戏，人生如棋，

因为每个人都有一个现实的小格子，

这个小格子，就是各自的性格、思想、身份、才能等。

人和人一旦关联起来，剧情就可以千变万化。

这部戏剧之所以是世界名著，

因为它能在全世界的观众中引起很多强烈的共鸣。

2

共鸣？是说一千个观众，就有一千个哈姆雷特吗？

小孩说。

是啊，每个观众的理解可能不一样。

因为每个观众引起共鸣的点不一样。

一千个观众，就有一千种理解。

不过，这句话也可以换个说法——

一千个观众，就是一千个哈姆雷特。

把"有"换成"是"也可以？小孩有点吃惊。

当然可以！爸爸回答。

因为每个观众都有各自的人生。

每个人在各自的人生中，也都有艰难的时刻。

或早或晚，或多或少，或轻或重，

都会遇到跟哈姆雷特一样相似的困境。

比如被误解、被背叛、被嘲笑、被蔑视……

尊严被侮辱，个性被挑战……

进退两难，取舍难两全……

进取还是保守，坚持还是放弃……

奋起抗争，还是忍气吞声……

3

人生好像也太复杂了吧？小孩感叹！

当然复杂啊！爸爸说。

不是有个说法嘛——

人生不只是鲜花和掌声。

人在不同阶段可能会遇到这样那样的困境，

所以，每个人看到的哈姆雷特也是变化的。

小时候看哈姆雷特，可能不太理解。

青年的时候看哈姆雷特，

可能有点理解哈姆雷特的多愁善感。

中年的时候看哈姆雷特，

可能会理解哈姆雷特的进退两难。

老年的时候看哈姆雷特，

可能有的人会泪流满面，

因为他可能回想起自己一生遇到的所有坎坷和屈辱。

也就是说，必须随着年龄增长，才能看懂哈姆雷特？

小孩问。

也不一定。爸爸说。

人是有悟性的，

不必经历，也可以"觉悟"。

"觉"是观察与感知，"悟"是思考和醒悟。

我们可以把别人的人生当成一面镜子，

通过别人的人生窥见自己的人生。

4

为什么哈姆雷特的复仇是一个人的事？小孩问。

这个问题问得太好了！爸爸说。

这就是常说的"时代局限"。

因为哈姆雷特复仇的对象是当时的最高君主，

而君主拥有至高无上的权力，

所以，哈姆雷特几乎无法通过正常的法律途径维护社会

正义。

哈姆雷特的复仇，采用的是非正常手段。

所以，他就显得势单力薄，形单影只。

哈姆雷特的复仇悲剧，是时代的悲剧，

也是给现代文明社会的警示。

意思是，现代社会可以避免这样的悲剧？小孩问。

是的。现代社会也会有邪恶势力。

但现代文明社会都应该是法治社会。

在法治社会，对抗邪恶势力，

不应该变成一个人的战斗。

很多人一起拿起法律武器对抗邪恶，

正义的力量就会非常强大，

善良正直的人们才不会感到绝望。

而哈姆雷特式的悲剧，

就可以最大限度地减少。

5

人们常说，世事难料。

人的一生会遇到很多困难，

经历很多坎坷。

但，有些坎坷，

仅凭个人的力量是难以逾越的。

比如，生命受到威胁，财产受到侵犯，

安全失去保障，名誉受到损害……

所以，在现代社会，

一千个人就有一千个哈姆雷特，

这句话还可以改一改。

哦？怎样改？小孩问。

一千个人可以帮一千个哈姆雷特。爸爸说。

也就是说，维护公平正义，

是每个现代人可以共有的认知，

也是每个现代人可以共担的责任。

禁忌

1

爸爸和小孩去爬山。

中间要穿越一个寺庙。

这座寺庙已有上千年的历史。

钟鸣磬语，梵烟袅袅。

一位僧人从身边经过。

僧衣僧履装扮，边走边打手机。

这个场景很奇妙啊！爸爸感叹。

为什么很奇妙？小孩问。

爸爸说，古诗文中描述僧人的场景，

一般都是或走路，或骑马，或坐船，或赋诗。

而现在描述僧人的场景，

还应该加上打手机，看电脑了。

如果把这个情景画成一幅画，

这幅画就太有意思啦！

你认为这样很奇怪吗？小孩问。

不是奇怪，我认为是反映了时代变化。

而且这个变化，被高度浓缩在这幅画中。

手机和电脑，代表了现代最新科学技术。

而宗教和僧侣，代表了几千年的传统文化。

科技是物质的，是现实的。

而宗教和信仰是精神的，是超越现实的，

或者说是在现实之上的。

二者好像是冲突的，实际是融合的。

好像是排斥的，实际却可以存在于一体。

这就好比我们做梦。

2

好比做梦？做什么梦？小孩奇怪。

爸爸说，你想啊，我们每个人都会做梦，

而且都喜欢做很美的梦，都不想做噩梦。

做了美梦，我们会心情舒畅，精神倍增。

但做美梦就需要有个很舒适的睡觉的环境。

估计谁都不想饿着肚子做梦，

也不想在冷得瑟瑟发抖的时候做梦。

科学技术，大多是在真实的物质世界进行的。

科学技术进步，

可以让我们睡觉的物质环境越来越舒适。

同时，我们可以做的梦，也就更加丰富多彩。

宗教或信仰，好比梦到的内容。

比如在佛教中讲"福报"这个词，

福报，就好比一个美梦。

比如身体健康是人的福报，

风调雨顺、丰衣足食是福报，

而科学技术能让这个美梦更有可能变成现实。

这么说，科学好像更加重要？小孩问。

爸爸说，科学越来越重要。

而且科学逐渐变成一个形容词和副词。

我们经常说什么是科学的，或者要科学地怎样，

似乎科学是万能的，

科学似乎可以解决一切问题，

几乎忘记了科学也有界限。

需要告诫我们自己——

科学不能走向极端。

甚至，科学也要有自己的禁忌。

3

人工智能也要有禁忌吗？小孩问。

人工智能还在发展的初级阶段。爸爸说。

也许多年的发展之后，会出现新的问题。

如果人工智能技术可以无限发展下去，

也许某一天，人工智能的机器人，

可以自己制造或进化出自己的同类，

可以不受约束地自主决策，

那就意味着人类失去了对这项技术的控制，

可能给人类带来毁灭性的灾祸。

所以，人工智能当然要有禁忌。

小孩说，人工智能战胜了围棋冠军李世石，

李世石很受打击，都因此宣布退役了，

这说明人工智能已经很厉害了吧。

爸爸说，这就跟一条普通的狗，也跑得比人快一样。

我们把一条狗打扮得跟人一样，

然后跟世界长跑冠军比赛。

狗赢了，但不意味着狗有多厉害。

狗，只不过发挥了它的特长而已。

同样的道理，人工智能，

也只是发挥了计算机的特长而已。

汽车也是人造的，速度也是人类无法超越的。

我们完全可以制造一台两条腿的机器跟人类赛跑，

人类也会完败。

但没有人会因为跑输了汽车而感到羞愧。

不能因为计算机的出现，就改变了这个认知。

所谓人工智能，

只是采用了特殊算法的一组计算机或计算机群。

如果跟计算机下围棋输了就沮丧，

那么，人类令人沮丧的单项"缺陷"也太多了。

比如，我们的视力不及老鹰，耐力不如马匹，

更不能像蜜蜂那样制造蜂蜜。

这么说，是李世石搞错了？小孩说。

是啊，他"自卑"得太轻易了。

不只是李世石搞错了，可能很多人都搞错了。

如果说单项能力被超越就是被战胜，

那么，在计算机诞生的第一天，人类就被战胜了。

因为几乎没有人加减乘除运算比计算机还快。

科学技术日新月异，

人类每时每刻都在被自己发明的技术打败。

4

那，克隆技术要有禁忌吗？小孩问。

爸爸说，克隆技术可以用于生物遗传学研究。

这种研究，应该是在受控制的范围内进行的。

而且，应该公之于众。

就是不能偷偷摸摸地搞这类研究？小孩说。

对！这类研究如果被私下进行，

就可能被私下利用。

比如，克隆技术可能被用来克隆婴儿。

克隆婴儿，就变成一种商业。

为什么不能克隆婴儿？小孩问。

如果人也可以克隆，

就颠覆了人类生命的自然繁衍进化过程。

如果克隆人是合理合法的，

那么，我们就可能选择克隆那些体格健壮的、智商高的

所谓社会精英。

一般人的生育权可能被剥夺或自愿放弃。

如果都选择这种方式来繁衍后代，

人类文明的所有奋斗历史和经验都可能被颠覆，

自然界的生命进化历程被颠覆，

那就太恐怖了。

为什么会很恐怖？小孩问。

我也不知道具体的恐怖会是什么，爸爸说。

这就跟爱因斯坦无法预知质能方程带来的后果一样。

未知本身，就是一件可怕的事情。

何况，没有人可以承担这些未知的后果。

所以，科学也需要有敬畏之心。

敬畏？敬畏什么？小孩问。

对！敬畏！爸爸说。

敬畏自然，敬畏充满无穷未知的自然界。

敬畏生命，敬畏生命的自然天性。

敬畏人性，敬畏人性中的善和美。

哭

1

爸爸和小孩在电脑上看一个视频。

视频中，歌唱家和乐队正在排练。

这是一首有历史感的经典老歌——

长亭外，古道边，芳草碧连天。

问君此去几时还，来时莫徘徊……

极致美感的歌词，无尽伤悲的意境。

动情处，歌唱家声音哽咽，泪如泉涌。

整个乐队泪眼迷蒙，排练无法继续。

爸爸和小孩被这个情景深深打动。

2

过了一会儿，小孩说，

经常看到女人和小孩儿哭。

一群男人哭，会不好意思吧？

我上中学后，就不爱哭了。

爸爸想了想，说，

当然，男人最好不要爱哭。

尤其当男人遇到一点困难或挫折的时候。

一个经常哭鼻子的男人不太会招人喜欢。

不过也看为了什么哭。

被美好感动而哭，被艺术表达的美震撼而哭，

即使作为男人，我们也可以大大方方，

不要感到羞耻或不堪，

也不要笑话被感动到落泪的人。

3

世上的美有很多种，

包括艺术之美，情操之美，人性之美。

与美共鸣，就是与美的创造者心灵相通。

心灵共鸣，就像画家滴落在宣纸上的墨水，

被渗透，被扩散，被放大，被吸收。

被感动的心灵，就共同变成了美的载体。

在平淡的生活中，能与这些美相遇是缘分，

被这些美感动的时候，我们要珍惜。

珍惜？小孩饶有兴趣的样子。

就是从内心不排斥不压抑这种感动，

而是拥抱这种感动。

让内心的感动，像发芽的种子，

冲破硬壳的束缚，沐浴在春风里，

自由畅快地生长。

哭

105

痛痛快快被感动一回，

我们的心灵，就好像洗了一次澡，

得到了一次净化。

除了珍惜，还应该庆幸。

4

应该庆幸？为什么？小孩问。

庆幸我们的心灵没有变迟钝，

内心没有变麻木。

不是有个成语叫"心如槁木"吗？

如果一个人的心灵就像枯木一样没有生机，

那么，他就不容易被感动，

他也就不会有强烈的幸福感。

所以，能够被世上的美感动到流泪，

恰恰说明，作为生命个体，我们生机盎然。

冷暖

1

这个冬天特别冷。

野外有水的地方几乎都结了冰。

小河里的水，也悄悄地上了冻。

举家在外的朋友留下一套空房。

爸爸和小孩走过河边，

一起去开空房的地暖。

小孩的物理学得挺好。

爸爸问小孩，你还记得水变成冰，

体积会膨胀多少吗？

小孩答，大约是九分之一。

也就是说，九升的水会变成十升的冰。

爸爸说，好像变化不是很大呀。

可是，如果暖气管或热水器里的水结了冰，

金属管道就可能被冰的力量撑爆。

小孩说，冰点好像也是体积变化的临界点。

为什么呢？爸爸问。

小孩说，因为水在常态时，

基本上符合热胀冷缩的规律。

过了冰点后，水在结冰的过程中，

冰的体积反倒会变大。

爸爸说，可能这也是一种物极必反吧。

想不到寒冷竟会以这种方式表现出力量，

竟能把金属管道都撑破。

2

回到家，爸爸发了一个快递。

小孩注意到，快递小哥每次来取快递，

都没和爸爸提到钱的事。

小孩觉得奇怪，问爸爸，我们是预存快递费了吗？

爸爸说，不是，我和他是通过微信沟通的。

那他不担心你忘记付钱吗？小孩问。

爸爸说，每次他用微信告知我金额后，

我都会立即转给他。

我们之间形成了互相信任的习惯。

所以，每次都很简单、干脆、默契。

那你从来没有忘记过？小孩问。

还真没有，爸爸肯定地回答。

甚至都没有让他提醒过一次。

虽然快递费的金额都很小，

但我不能辜负他的信任。

时间对他们这个行业是非常宝贵的。

让他能在最短的时间取走快递，

也是对他工作的尊重。

3

小孩和爸爸偶尔看到一条新闻，

一个外卖小哥因为下雨迟到，

顾客对他出言不逊，羞辱、推搡、谩骂。

外卖小哥忍无可忍，出手还击。

双方鼻青脸肿。

彼此的尊严，就像淤积的脏水，

被打翻在清洁的地面，

难以收场。

不是说"顾客是上帝"吗？

外卖小哥为什么不能忍忍呢？小孩问。

这个问题可能需要多角度思考。爸爸说。

从服务者的角度来说，

尊重顾客，视顾客为上帝，是服务者的自我要求。

但从顾客的角度来说，

顾客不能自封上帝的名号。

更不能借助这个名号，随心所欲。

这让我想起"冷"的力量来。

这也跟冷有关？小孩不解。

是啊，你看，外卖小哥冒雨把快餐送到顾客家里，

可没想到等待他的是一顿辱骂，

这就像一盆冷水泼在他头上，

想必他当时的感觉是从头凉到脚，

感到一股寒冷直往心里钻。

所谓"心寒"，就是这个意思吧。

这个顾客没完没了地谩骂，

终于让这个小哥心寒到极点。

他的尊严被侮辱到极限,

他的忍耐也终于到了极限,

最后,他终于崩溃了,爆发了。

4

那为什么会有人提出"顾客是上帝"的口号?小孩问。

可能因为顾客是出钱的人,爸爸说。

可能有人认为,谁出钱买东西或服务,谁就是上帝,

换个更直接的说法,就变成"钱是上帝"了。

所以,这是个具有误导性的口号。

服务者和消费者,应该是平等的、公平的。

而且,不应该首先是金钱的关系。

那应该是什么关系?小孩问。

首先应该是人和人的关系。

人和人的关系,最基本的要求就是互相尊重。

冷暖

钱是冷冰冰的。

但，尊重就像冬天的暖气，

能给人们带来一团和气。

人和人之间，互相尊重，才互有尊严。

尊严不是自己给自己的，

尊严是彼此真心赋予的。

你的意思是，尊严是别人给的？小孩问。

也不是。准确地说，尊严是自己用行为赢得的。

自己的行为，值得别人尊重，才会被尊重。

也就是说，尊严的主动权掌握在自己手里，

而不是掌握在别人手里。

5

外卖小哥迟到了，有错在先。

顾客责怪他，也是合情合理的吧。小孩说。

是的。所以，从他的角度来说，

他应该耐心解释，真诚道歉。

从顾客的角度说，表达一下自己的不满，

宣泄一下久等不来的烦躁情绪，也可以理解。

但要适可而止，不能没完没了。

在任何情况下，人都不能失去理智。

失去理智的人，离失去尊严也就不远了。

顾客要体谅天气等原因造成的合理的延误。

尤其要体谅外卖小哥工作的艰辛。

风里来雨里去，天天如此，很不容易。

能容许别人出差错，也是一种修养。

小孩说，顾客可能会说，大家都不容易。

爸爸说，正因为大家都不容易，

每天都有各自的烦心事需要去应对，

所以就需要互相体谅、互相尊重。

从广泛的意义来说，每个人都是服务者，

同时也都是消费者。

我们都是需要挣钱的人，

也都是需要花钱的人。

别在花钱时，忘记了挣钱的人的尊严。

所以怎样有尊严地花钱，是个值得思考的问题。

真正的尊严，不是用钱买来的。

不尊重别人，我们花钱也会没有尊严。

每个人都应该明白，我们都是劳动者。

劳动者之间需要互相体谅和尊重。

尊重彼此的行业，体谅彼此的辛苦。

6

不但要有尊严地花钱，愉快地花钱也很重要呢！

爸爸说。

愉快地花钱？花钱一般都有心疼的感觉吧。小孩说。

可能会心疼，但与愉快并不矛盾，爸爸说。

我们可以尽量让花钱的过程是愉快的。

如果在花钱的过程中，

我们自己说的话或做的事不得体，

就可能让别人不舒服，

别人也就可能"以彼之道，还施彼身"。

这样的花钱，就是受罪了。

事后想起来，都会觉得是痛苦。

所以，花钱也是一种修养。

我们心疼钱是应该的，

但该花的钱，也要爽爽快快，大大方方。

不要把花钱变成在心里无休止的战斗，

不要把花钱变成一种精神折磨。

而且，花了钱，我们还要记得感谢。

感谢？感谢谁？小孩问。

感谢给我们提供服务的人，爸爸说。

如果买到的商品不但满足了我们的需要，

甚至超出了我们的预期，

我们也要对开发或制造这些产品的人心存谢意，

感谢他们让这个社会越来越发展和进步。

如果说，一颗懂得尊重的心，

是有尊严花钱的前提，

那么，一颗感谢的心，

就使愉快花钱具有了最大的可能性。

人一辈子都在挣钱和花钱。

也时常会感受到人与人之间的冷和暖。

能给别人带去温暖，

能让别人活得有尊严，

这样的人，也会获得更多尊敬。

链条

1

路口左转道上发生连环车祸。

被追尾的车，车尾凹陷大半。

强大的撞击力，造成前面三辆车连续追尾。

其中一辆偏离了路线，横在几米远的右前方。

几个司机都下车，等待交警赶来处理。

爸爸小心翼翼开车从右侧绕道经过。

这种连环事故怎么处理？小孩问。

一般是最后面造成追尾的那辆车负全责，爸爸说。

前车刹车太急也有责任吧？小孩问。

那也是后车全责，爸爸说。

因为后车没有保持安全车距。

实际上，当司机全神贯注开车时，

注意力在前方，几乎无暇顾及后面的情况。

也就是说，司机只能保证车头的安全。

车尾的安全，是后车司机保证的。

2

这是一个安全的链条？小孩问。

是的，也是一个责任的链条，

更是一个信任的链条，爸爸说。

为什么说是信任的链条？小孩问。

就是信任陌生人在我们背后的行为，爸爸说。

人的行为，可以分为人前行为和人后行为。

人前行为，就是别人看得见的行为。

人后行为，就是别人看不见的行为。

车尾的安全，就是后车司机用人后行为来保证的。

虽然司机们相互都是陌生人，

而且前后的车辆随时都在动态变化，

但正是基于互相对人后行为的基本信任，

我们才敢开车上马路。

3

小孩说，造成追尾的那个人，就是辜负了这份信任。

就是啊！一旦某个人辜负了这份信任，

或者没有承担这份责任，就会造成一连串的损失。

损失也发生了传递，损失就被放大了，

社会成本也增加了。

成本增加了？是哪些成本？小孩问。

你看，他们在等交警前来处理。

交警出动警车，是需要成本的吧？

交警的工资，是纳税人支付的吧？

事故车挡住了道路，造成了拥堵，

造成了其他车辆的通行延误，

其中可能有人正在赶时间去办重要的事，

因为交通事故，

他做事的效率就大大降低了。

4

其实，这类事情还会影响人的幸福感。爸爸说。

为什么呢？小孩问。

你想啊，司机群体中，这样莽撞的人多了，

或者说，这类不值得信任的人多了，

交通事故就会频繁发生，

互相之间的信任程度就会大大降低。

结果就是，开车上路都会担惊受怕。

开车就变成一种忧虑、折磨和受罪了。

我认为，不只是开车是这样。小孩受到启发。

每个人可能都在背后干一些别人并不知道的事情，

也都要担负一些最基本的信任。

那你能举几个例子吗？爸爸鼓励道。

小孩说，比如开餐馆的，

他进的什么食材，吃饭的客人是看不到的。

他怎样洗碗，有没有洗干净，客人也不会去看。

而客人呢，信任他们进的食材是健康的，

也相信他们是把碗碟洗干净了的，

否则，也就不会去餐馆吃饭了。

就是说，因为信任，才走进餐馆吃饭。

这个例子太好了，爸爸肯定道。

可以说，就是对人后行为的信任，才有这个行业。

开餐馆的人都经得起这种信任，

这个行业才会欣欣向荣。

如果地沟油泛滥，卫生事故频发，

几乎没有人会选择去餐馆吃饭了，

这个行业就会走向萧条和末路。

其实无论哪个行业，

无论干大事或小事，

每个人都肩负着人后行为的信任。

小到扔垃圾，大到修房筑路。

背后乱扔垃圾的习惯，

会造成一个垃圾的国度。

建筑行业的豆腐渣工程，

往往是因为背后见不得人的行为导致，

造成的是财产和生命的巨大损失。

……

5

这么说来，这个社会，其实是一个巨大的链条，

小孩说。

我们每个人都是链条上的一个小点。

开飞机的，也可能去餐馆吃饭嘛，

当老师的，也可能需要上医院嘛。

就是啊！而我们都在链条中相互依存，爸爸说。

每个人的人后行为，决定相互的信任程度，

决定这个社会的运行成本和效率，

也最终决定每个人的幸福程度。

所以，从这个意义上说，我们每个人都是司机。

每个人都有方向盘和刹车需要把握，

不只是为别人，也是为自己。

山顶

1

夏日的清晨，

爸爸和小孩拜访一座寺庙。

寺庙背后是一座高山。

在山脚下看不出山有多高。

寺庙的神秘衬托出高山的神秘。

兴之所至，爸爸和小孩去爬山。

一个陡坡，接着一个陡坡，

很快就气喘吁吁。

沿途的风景不断变幻，

陡峭风化的奇石，

摩崖石刻的文字，

山脚下繁忙的马路越来越模糊，

蜿蜒的小河越来越细微。

不知不觉，已是烈日当空。

路越来越陡峭。

石阶已经走完，

接下来是两段坡度高达约 60 度的朱红色"天梯"，

令人双腿发颤，望而生畏。

爸爸担心小孩中暑，劝小孩到此为止。

但小孩很执着，不肯停下脚步。

爸爸只好紧紧跟随，

生怕小孩脚下出现闪失。

2

爸爸叮嘱道，

你要紧紧抓住扶手，

千万不要向下看。

小心翼翼，战战兢兢，

终于爬完第一段天梯，

到达一个小小的平台。

爸爸和小孩坐在平台上喘气。

爸爸说，我发现一个现象。

我们面对阶梯，向上攀登时，

前进的阶梯离头更近，离眼睛更近。

越是陡峭的台阶，越是近在眼前，触手可及。

向上走，似乎更踏实，也更安全。

向下撤退的阶梯离眼睛更远。

越是陡峭的台阶，撤退的感觉越空虚、越谨慎。

真的耶！小孩想了想，欣喜地说道。

这好像可以说明一些问题。

哪些问题？爸爸很期待。

这说明在前进的道路上，

前进不一定比后退更艰难。

太对了！爸爸赞叹。

而且，前进的台阶，

离我们的头脑更近，

也就是离我们的思想更近，

离我们心中的目标更近，

因为每一步的高度都在增加。

3

爸爸和小孩振作精神继续攀登。

爬完最后一段天梯，坡度逐渐变缓。

登上几级石阶之后，

前方忽然一片豁然开朗。

万万没想到，前路竟是一马平川。

林中庙宇若隐若现，别有洞天。

哇！太神奇了，

没想到山顶会是这个样子！小孩惊叹。

是啊！我也没想到。爸爸说。

山顶并不是想象中的险象环生。

如果我们没有鼓起勇气爬完那些艰难的天梯，

我们可能就无法看到这番景象。

爸爸和小孩走在这段山顶的平路上，

头顶蓝蓝的天空和耀眼的太阳，

虽然挥汗如雨，但心情无比欢快。

望向天空，似乎天空更加辽阔，也更加深邃。

这里的路和山脚下的路有什么区别？爸爸问小孩。

山脚下的路上，游人更多。小孩说。

就是啊，能坚持爬完那些天梯的人并不多。

可能有些人体力不支，有些人望而生畏。

4

爸爸接着说，我觉得，

133

山顶的路比山下的路，还有更多的不同——

在山顶，离喧闹更远，离安静更近。

离易逝的事物更远，离恒久的事物更近。

哪些是喧闹的，哪些是安静的？小孩问。

爸爸说，忙碌的街道，嘈杂的集市是喧闹的。

高高的天空，飘浮的白云是安静的。

哪些是易逝的？小孩问。

爸爸说，小河的流水是易逝的。

花草，树木，人，也是易逝的。

哪些又是恒久的？小孩接着问。

爸爸说，日月星辰是恒久的。

好像还真是这样呢！小孩表示赞同。

不过，我们现在看不见月亮和星星。

爸爸说，虽然看不见，

但我们心里知道它们必然在那里，

必然在广阔的宇宙中。

还有，在山顶我们看到的也不同。

我们看到的地方更辽远，也更广阔，

看多数事物的角度也不同了。

我们现在是居高临下，

你看，山下的房屋，树木，行人，都变得小小的了。

你知道为什么看到的不一样吗？爸爸问。

因为我们站的位置不同了。小孩说。

对！站在山脚的时候，我们不知道这座山有多高，

因为眼前的房屋和树木挡住了我们的视线。

5

也可以换句话来表达我们所在的位置，

山顶

137

就是我们所处的环境和所在的高度。

环境和高度，

有个现成的词语可以把它们连接起来。

你知道这个词语吗？爸爸问。

小孩想了想，说，这个词语叫"境界"。

太对了！就叫境界。爸爸赞叹。

我们过会儿就下山。

希望在山下的时候，

我们还会时常想起山顶的景象，

记得在山顶看山下、望天空的感觉。

不要忘记人类思想中还有"境界"这样的概念。

虽然我们不会天天来到山顶，

但可以在心底深处，竖起这样一座高山。

在人生的某些时刻，仍然可以站到这样的高山顶上。

升级

1

附近大学内设有钢琴考点。

小孩考完钢琴，和爸爸一起参观校园。

图书馆前方是大礼堂，

在大礼堂前的草坪上有个日晷，

上面刻有四个字——行胜于言。

爸爸问小孩，你知道这几个字的意思吗？

小孩答，就是行动胜于语言，

少说多干，说了就要马上干的意思。

对，有这个意思，爸爸肯定道。

不过，应该还有另一层意思。

就是一个人的言行要一致。

看一个人的德行，不要只看他是怎么说的，

更要看他是怎么做的。

说得漂亮，没有落实到具体行动中，

那就是喊空口号，是弄虚作假。

说的是一套，做的却是另一套，

那就是口是心非，是虚伪。

2

也就是说，行比言更重要？小孩问。

就是啊，所谓说起来容易做起来难嘛，爸爸说。

不过，我们理解这类简单表达的文字，需要小心。

因为，"行胜于言"只有四个字，

远远无法表达完整的意思。

我们对它的理解，

一定不要只停留在这四个字的字面上。

为什么呢？小孩问。

如果认识只局限在这四个字本身，

可能就把问题简单化了，或者绝对化了。

比如，他可能就这么简单认为，

只要自己干好了，怎么说就不重要了。

等于在心里悄悄加了个备注——言弱于行。

3

而实际上，在干好的前提下，说好也是非常重要的。

怎样说才能更好地与他人沟通，

更好地与他人合作，是一门学问。

怎样说才不引起误解，

不伤他人自尊，不引起他人嫉妒，

不在无意中树敌……

不仅需要智商，更需要情商。

小孩说，我想起一个说法，叫"费力不讨好"，

可能就是因为只知道干，可是不会说造成的吧？

爸爸说，看来你是有点领悟了。

如果只顾自己埋头干，就像一头老黄牛。

苦和累都不知道说出来，

也许还会得到"鞭打快牛"的待遇。

如果自己干得好，还能恰当表达出来，

能获得别人的掌声、鼓励和尊敬，

那就越干越有劲头，会长时间保持干劲。

如果还能激励带动很多人都干好，

那就是团队精神，合作精神。

而团队力量，远大于个人力量。

4

小孩说，这么说来，行胜于言，并不完全对。

爸爸说，对于这种简单表述的道理，

我们不能也用简单的对错来评判或界定，

不能非此即彼。

任何道理，都有它的前提和适用的环境，

甚至跟历史环境、时代背景都有关。

有些道理，

可能在 80% 的情况下是正确的或可行的，

那么，这样的道理，就有了普遍性意义。

就足以刻在碑上，提醒人们重视或思考。

如果只在 20% 的情况下是适用的，

那它就不算一个普遍适用的道理了。

也就没有必要刻成铭文，去引起人们注意了。

虽然这些道理被刻在石碑上，

显得有点触目惊心，

或者被印刷在纸面上，

变成了所谓的白纸黑字，

我们一定不要忘记那个 80% 的适用性，

不要在有意无意中把 80% 扩大成 100%。

小孩说，很多成语，都是简单表述的道理，

看来我们也不能简单去理解。

就是啊！还包括一些名人名言。爸爸说。

我觉得，道理就像软件。小孩说。

为什么呢？爸爸问。

每个软件都有它的技术背景，小孩答。

如果技术进步了，软件也就需要升级了。

道理也需要随着时代的进步不断升级。

这个比喻很准确啊！爸爸说。

也许表述道理的那几个字不需要升级，

但是，对它的理解需要不断升级。

就是在我们的头脑中，去掉那些以前的BUG，

添加一些以前没有的新功能，

这些道理就能在新时代，焕发出勃勃生机。

受伤

1

新的学校，新的开始。

小孩高高兴兴参加学校组织的军训。

封闭式管理，不带手机。

走队列，踢正步，

军体拳，前扑卧倒……

这些项目对小孩来说很新鲜。

时间紧，科目多。

反复练习，反复练习。

转眼到了第五天。

这天傍晚，妈妈接到班主任电话，

匆匆忙忙赶到学校。

2

小孩昨晚训练到九点半，身体感觉无异常。

一觉醒来，发现左胳膊有些异样。

不痛不酸也不胀，只是有点不听使唤。

军训的动员，严肃的氛围，小孩心态积极振奋。

感觉是个小问题，先不告诉班主任。

于是带伤坚持训练了一天。

继续做各种动作，包括吃力地前扑卧倒。

到了傍晚，左胳膊完全抬不起来了。

实在无法坚持，小孩才告诉老师和教官。

妈妈赶紧带着小孩上医院，在黑夜中奔忙。

第一个医院不接，说情况严重，无法处理。

第二个医院的急诊大夫说，这种现象没见过。

去第三家医院，仍然不能确认是什么损伤。

爸爸刚好出差了，匆忙赶回来。

接下来的几天，一家人心情沉重。

在几个医院辗转忙碌。

做各种检查，X光，核磁共振，肌电图。

小孩不断接受各种仪器的折腾。

终于，肌电图确定是"臂神经丛源性"损伤。

从网上搜集各种资料，最坏的结果是残疾。

虽然可以手术进行神经移位治疗。

但手臂功能只能局部恢复，无法完全康复。

也有乐观的病例——

有新兵在训练中出现过类似症状，

两三个月的休息康复，神经功能自然恢复。

3

几天的疲累憔悴，爸爸妈妈心事重重。

烦琐的医院程序，未知的前景。

一家人情绪低落。

爸爸决定召开一个家庭会议。

握着妈妈的手，也握着小孩的手，爸爸说，

亲爱的，这次意外，

是我们家这几年面临的最大困境。

我们现在要"在战略上乐观，在战术上悲观"。

我们心里要相信，结果会是好的。

同时必须积极认真地去做每项检查和治疗，

做到不耽误最佳治疗时间。

但在治疗过程中，又不要太悲观。

真实的生活，其实都是各种过程组成的。

尤其在面对困境的过程中，

要打起精神，不要批评埋怨。

不要用糟糕的心态去面对糟糕的局面。

不然，生活就太艰难了。

既然艰难无法避免，我们就乐观面对吧。

如果情况是悲观的，那就当成人生的磨难。

我们一家人要更加积极坚强地面对以后的生活。

如果情况是乐观的，那就是一次教训，一次成长。

虽然代价很大，只要对今后的人生有好处，也值得。

所以这次意外，要好好总结。

4

我们的身体，是我们自己的。

但也有对亲人甚至对某个集体的责任。

我们有责任确保自己的身体健康。

自己身体的异常，只有自己知道。

身体出现了异常，一定要及时告诉家长或老师。

小孩说，我那天早上就是觉得情况不严重。

因为胳膊不疼也不酸，以为忍忍就好了。

爸爸说，我以前可能跟你的想法也一样。

可是，这几天我们掌握了大量的信息——

没有疼痛的损伤，往往是神经性损伤。

其实是最严重的损伤。

远比肌肉撕裂，比骨折要严重。

因为肌肉运动，关节运动，

都是通过神经发送信号来实现的。

身体像个精密机器，

而神经，好比导线。

肌肉接收导线传输的信号，产生收缩或舒张，

身体器官才产生各种动作。

疼痛信号，也要通过导线才能发出。

所以，没有疼痛的损伤，是最严重的损伤。

如果神经断了，肌肉也就没有存在的意义了。

神经损伤，往往伴随着肌肉的局部萎缩和身体瘫痪。

你们小孩，心智还在成长中，经历不多，

往往无法判断意外情况的严重性。

甚至我们大人，

面对从未经历过的意外也难以估计后果。

所以，立即报告老师是最好的选择。

除非迫不得已，不要独自去面对未知。

在某些特殊情形下，

自认为的坚强和勇敢，可能只是因为无知。

5

小孩说，军训动员会上老师告诉我们，

每个人都要积极配合教官完成训练，

我不好意思因为个人问题去麻烦老师。

我看见有的同学感冒了还在坚持。

我不想落后，拖班级后腿。

爸爸说，我明白你的意思。

军训的出发点是积极的，

你的精神也是积极向上的。

加上整个军训的气氛，

是严肃的，振奋的，斗志昂扬的。

恰恰在这样的氛围下，我们更要保持一份冷静。

有时候，场面巨大的氛围，

就像狂风，会把我们的头脑也席卷而去，

从而丧失了冷静的思考和判断。

只要不损害别人，健康，就是一种权利。

健康权，也是一种人权。

什么叫人权？就是只要是人，就应享有的权利。

人权，一个人生下来就拥有的；

而健康权，一个人甚至还在胎儿时期就应该拥有。

说个极端的情形吧——

监狱里正在服刑的罪犯，都享有健康权。

就算他是一个死囚，只要死刑还没有被执行，

他生了病，都应该得到及时的救治。

好像是哦，难怪死囚犯还可以生孩子呢。

小孩恍然大悟的样子。

就是啊！爸爸连连点头。

何况是在军训那种非常特别的氛围中。

因为军训的目的是让我们更加强壮，更加振作，

而不是牺牲我们的健康，

不是对我们的身体进行摧残。

即使在战争环境中，保持健康也是第一位的。

只有身体健康，才能保持战斗力。

6

我们关心自己的健康，并非出于自私。

实际上，也是对他人、对集体负责的表现。

如果因为军训而残疾，班主任会后悔一辈子。

他可能会自责没有关心好学生。

教官也会后悔没有及时发现个别同学的异常。

如果你及时报告了老师，

在受伤不太严重的时候，

就得到及时的处理或休息，

可能还不太影响后续几天的训练和汇报检阅。

对你们军训和这个集体，也是最好的结果。

如果教官因为得到报告而引起注意，

及时调整训练科目或训练方法，

就可以帮助更多同学，避免更多意外受伤情况的发生。

可是，如果因军训而残疾，

那么，在以后的学校生活中，

班主任会花更多时间去关心你，

同学们也会用更多心思去帮助照顾你。

自己身体的不便，对集体也会造成影响。

7

你见过吧——

你们学校有个同学腿上裹着绷带，

同学们轮流推着他的轮椅上学放学的情景。

当然这是爱心的体现。

可是，爱心，往往也与人生的困窘和无奈相伴啊。

困窘和无奈的原因，肯定是多种多样的。

如果我们有意识主动去避免这些困窘和无奈，

就能让身边的人，更加自由、轻松地生活。

所以，身体的健康，需要我们自己去主导。

或者说，需要我们自己去管理。

自己身体健康，才能更好地帮助别人。

也才能给家庭、社会贡献更多的力量。

除非迫不得已，尽量不累及他人，

让其他人生活得轻松、自在、无歉疚。

换句话说，身体的健康，

不只是一种对自己的责任，也是对他人的责任。

树

1

盆栽树有黄叶落下，

爸爸和小孩把树从客厅推上阳台，

让这棵树接受更多的阳光。

小孩拎着喷壶给树浇水。

客厅的电视在播一个采访，

爸爸叫小孩一起坐下来看——

一个外国人来中国当老师，

在贫困的地区，拿最低的工资。

不是几个月，不是一两年，

而是十几年如一日，

他说他还要继续做下去。

有人说他是个了不起的人物。

他说，我就是一个平常人。

只是凭"良心"做事。

2

小孩说，他说的平凡，其实是不平凡。

因为只有很少的人能做到像他这样。

爸爸说，可是对他而言这样做很自然。

因为他心中有个非常宝贵的东西。

这个东西是什么？小孩问。

就是他所说的"良心"，爸爸说。

"良心"用在这里好像不准确吧？小孩说。

爸爸说，可能作为外国人，

他是从字面上理解"良心"二字的。

字面上，良心就是美好的心灵。

这样去理解良心，也许更自然。

他所指的良心，其实是高尚的品德。

"高尚"好像是个很大的词，小孩说。

爸爸说，高尚这个词似乎有点夸张。

大方说出这个词，似乎都需要一点勇气。

人们甚至会尽量回避用这样的词，

以显得轻松洒脱，免得落入"俗套"。

3

一般认为，高尚必须跟轰轰烈烈的事有关。

可能需要忧国忧民，大公无私，甚至舍生取义，

似乎跟日常生活遥不可及。

但我认为，高尚并没有量化的标准，

没必要把高尚理解为"高高在上"。

高尚不应该是令人望而生畏的高山，

我们每个人都可以靠近，

甚至每天都可能触碰到。

每天都可以接近高尚？小孩不太理解。

爸爸说，当然啦！

比如，我们今天看到这个采访，

了解到世界上还有这样的人，

能被这样的人和事感动，

能感知高尚，能敬佩高尚，

我们心中也就产生了一种崇高的情感。

碰到小区保洁阿姨打扫卫生，

见面对她友好地微笑，

让她感到她的劳动被尊重。

我们不在地上乱扔垃圾，

懂得珍惜别人的劳动，

可以说，这是细小举动中的高尚。

对外卖小哥客气一点，礼貌一点，

把别人的辛苦看在眼里，

不把别人的辛苦当成天经地义。

对辛苦的人，努力奋斗的人，

给他们友善的对待，

对他人的不便或不周，懂得体谅和宽容，

这是为人处世中的高尚。

在公共场合说话小声一点，

行为举止，顾及旁人的感受。

打电话的时候，不打扰别人。

在楼道里，在电梯里，不抽烟。

遛狗的时候，不吓着别人，

将宠物产生的垃圾收拾到垃圾桶里。

这些是日常生活中的高尚。

对于需要帮助的人，

想想我们自己能做些什么。

心甘情愿地付出，

只为了让自己感到充实和快乐。

没有想得到回报，

这是品行中的高尚……

4

这么一说，似乎人人都可以变得高尚了。小孩笑道。

爸爸说，对于我们大多数人来说，

大概不太会明确宣称要把高尚作为明确追求的目标。

但我们心中最好记得，也最好相信，

这个世界上真的有高尚这回事，

对高尚的品行要心存尊敬和一丝向往。

也许这个小小的向往，

可以让我们平凡的人生，

就像一棵树，有了阳光和水分，

不但自己的生命，透出郁郁葱葱向上生长的景象，

还能给这个世界贡献一点点氧气，

对其他生命而言，

这棵树的存在，

就多了一些意义。

相邻

1

小孩放学和爸爸一起回家。

门口放着一个长条形包裹。

爸爸刚剪开一角，

就觉察到这个快递可能是送错了。

一看包裹上的快递单，

果然，是邻楼同单元同门号的。

因为快递单上收件人的电话被局部隐藏，

爸爸首先想到给物业打电话，

印象中物业那里应该有每位业主的联系方式，

希望物业打电话告诉这个邻楼的邻居来取。

一个电话就可以解决问题，

可是物业说你最好直接给快递公司打电话。

快递单上并无快递公司的电话。

爸爸只好给外省的寄件人打电话，

让他通知邻居来取。

爸爸在电话中顺便跟寄件人说，

你也不必去责备快递员了。

这么冷的天，他们也很辛苦。

大约五个电话之后，

邻楼的邻居来搬走了他的快递。

和和气气，高高兴兴。

寄件人和邻居都向爸爸表示了感谢。

2

小孩看到这个过程，

问爸爸，你怎么那么不嫌麻烦？

这个快递跟我们无关，是快递员送错了。

快递公司应该会发现他们自己的失误，

然后找到我们这里来吧。

爸爸说，这件事好像跟我们无关，

我们也可以静等快递公司来取回，

但这件小事可能涉及几个人几天的心情，

可能都会在责怪和被责怪中心情郁闷。

我们既然在无意中成为参与者，

只要稍用心思，

稍微有一点主动的作为，

就可能让卷入其中的每个人皆大欢喜。

尤其是，这件事情，

到目前为止只有我最清楚来龙去脉。

如果从我这里发起一个准确的信息传递，

就可以高效纠正一个错误。

让这个错误造成的损失最小。

我怎么觉得你好像在修理某个机器？

小孩开玩笑说。

哈哈，我就是在修理机器。

这个社会，就像一个机器。

每个人都是机器上的某个零件。

每个人在某些时刻都可能成为某件事的决定者。

3

我给你讲个以前看的新闻吧。

这个新闻，也可以当故事来听。

两个邻居，买了地下相邻的车位。

某次出入车库，邻居 B 刮了邻居 A 的车。

处理过程中双方闹得不愉快。

于是邻居 A 想了个办法，

在自己车位上靠近 B 车位的一侧地面打入八根铁桩。

邻居 A 车位在左，B 车位在右。

邻居 B 每次上下车都非常不方便。

车门只能开一个小小的角度，

人只能从狭小的空间挤进挤出，

开门必须小心翼翼，

否则车门会碰到坚硬的铁桩。

邻居 B 向物业投诉，

希望物业能出面拆除这些铁桩。

可是物业说，邻居 A 是在自己的车位上打桩，

车位是业主自己花钱买的，是有产权的，

他有权自由处置自己名下的财产，

我们作为物业也不好干涉。

邻居 B 没办法，只好诉诸法律。

可是，律师和法官的说法跟物业的说法类似。

说，产权车位是私人财产，

私人财产是神圣不可侵犯的。

于是，邻居 B 败诉，只好接受现实。

邻居 A 和邻居 B，

车位用得别别扭扭的，

心情也是别别扭扭的。

偶尔在电梯相遇，

彼此心里也是别别扭扭的，

一个恨不得另一个赶紧从眼前消失。

4

这则新闻下的评论里有人建议，

车主 B 应该跟车主 A 正式道个歉，

利用人际关系，利用第三者的关系，

比如通过 A 的朋友或单位领导从中调停，

从而缓和双方的紧张关系。

也有人给 B 出主意，

干脆花钱将车主 A 另一边的车位也买下来，

然后也在车位上安上铁桩，让 A 也不爽。

也有人建议 B 卖房走人。

爸爸问小孩，你觉得这种情况正常吗？

显然是不正常的，小孩说。

那么，真的没办法解决了吗？爸爸问。

小孩说，我觉得好像是有办法，

但就是不知道办法是什么。

爸爸说，我估计这也正是物业和法官面临的情形。

我认为，一个看似不正常的事情，

一般是某个错误或一系列错误造成的。

这些错误可能有点隐蔽，需要我们用心去发现。

你试试看能不能找到这个错误。

我觉得这个车主 A 有点缺德，小孩说。

显然我们无法从道德层面去寻找突破口了，爸爸说。

可能在那次刮擦事故的处理过程中，

车主 A 也感到自己受了很大的委屈。

这件事，似乎局外人也没法从道德上去评判或谴责。

5

难道物业和法官说的理由有问题？小孩说。

有点眉目了，继续。爸爸鼓励道。

私人财产神圣不可侵犯，这句话有漏洞？

太对了。爸爸说。

所谓物业，比如房子、车位，这些确实是私人财产。

但是，对这些财产的使用和处置，

并不是随心所欲的，而是有条件的，

是需要遵守一些约定或约束的。

拿房子来说吧，我们不能把住宅变成车间厂房，

不能在自己的住房里制造害人的毒品，

不能在自己的房里制造噪音干扰邻居，

不能拆除房屋的承重墙，让整栋楼房变危房，

诸如此类。

其实，车位也是一样的啊！

小孩说，我明白了，

车位这种财产有特殊性。

相邻的空间，应该是共有的。

完全正确！爸爸向小孩竖起大拇指。

这就是解决这个问题的关键。

相邻的空间，必须是相邻车位所共有的。

在开车门时，是需要互相借用空间的。

相邻车位的车，几乎不会同时进库，

也就不会同时下车或同时开门。

正因为空间的共用，

车位的使用空间大于实际空间。

所以，这是开放式车库的大前提。

没有这个大前提，

估计现在 90% 的地下车库都是不合格的，

或者说，都是不方便使用甚至无法使用的。

6

那，物业和法官为什么没有认识到这个特殊性？

小孩有点不理解。

因为这个特殊性还没有写到纸上，

还没有变成所谓的"白纸黑字"，

还没有变成明确的法律条文，

也没有前例可循。

但是，远水解不了近渴啊。小孩说。

为什么这么说？爸爸问。

小孩说，立一个法律条文需要很长的时间，

所以 B 的苦恼并不能马上解除。

这倒是，爸爸说。

不过，也许不需要等到白纸黑字的那一天。

因为，一旦认识到车位的相邻空间具有共用性质，

从物业或者法官的立场来对 A 进行解释或劝说，

就具有很强的说服力。

A 应该能明白其中的道理。

A 放弃了借用 B 的车位空间，

他自己车位的可用空间也变窄了。

其实 A 是干了一件损人不利己的傻事，

只要 A 想通了这个道理，他的心结也许就能打开。

地上的铁桩，也就可以拆除了。

这好像是很显然的道理啊!

为什么没有写到纸上变成白纸黑字?小孩不解。

爸爸说,毕竟现实中这样的纠纷很少遇到。

第一个解决这种纠纷的人往往会无所适从。

对物业和法官来说,

"私有财产神圣不可侵犯"就像一支令箭。

对此有所质疑或意图有所作为,

可能会面临更多的麻烦。

而无所作为,好像才更容易、更轻松、更保险。

7

就像这个投错的快递一样,

迫切需要一个不怕那一点点麻烦,

同时也有意愿去主动解决问题的人。

而无论物业,律师,或法官,

都有可能扮演这样的角色,

因为那正是他们的职责所在。

他们本可以成为"白纸黑字"的发起者？小孩问。

就是这个意思。爸爸说。

不过，需要一点主动性，加上一点开创性。

有主动性，我们才愿意有所作为。

有开创性，我们才可能去思考和探索怎样作为。

主动性和开创性，

正是推动这个社会进步特别需要的两种动力。

这两种动力，可以存在于我们每个人。

因为，社会进步会在各个方面体现，

小到人的情绪，人的感受，

这些细小的方面，正是社会进步的具体体现。

我们每个人都可以参与其中。

形 式

1

暑假里，爸爸和小孩回到老家。

第二天一早出发去祭祖。

走完几千米山路，已是烈日当头。

到爷爷的坟地，要再下一个陡坡。

汗流浃背，衣服湿透。

小孩说，爸爸，我不想下去了。

我在这里等你，可以吗？

爸爸让小孩再坚持一下。

小孩说，我上次去祭拜过爷爷了。

我觉得那只是一种形式。

爸爸坚持让小孩一起去。

小孩于是跟着爸爸继续走。

爸爸说，有些形式是必须要有的。

虽然爷爷已经在地下长眠，

可是，爷爷并没有真正消失。

2

为什么呢？小孩问。

爸爸说，爷爷是一个令人尊敬的人。

他这一辈子教过很多学生。

他生前还帮助了很多乡邻乡亲。

他虽然去世，但还活在很多人的心里。

很多人心里都留下他的音容笑貌。

包括他的慈祥和善，以及对他的尊敬。

其实，还包括他的尊严。

一个人的尊严在他死后也活着吗？小孩问。

当然啊！爸爸肯定道。

人们对他的尊重，就是他现在的尊严。

我们不能因为他去世，就认为这些也不存在了。

可是爷爷确实不知道了啊，小孩说。

爷爷自己现在确实无法知道这些了，爸爸说。

可是，存在和知道，并不是一回事。

生与死，也没有明显的分界线。

为什么呢？小孩想继续探究下去。

3

爸爸说，这就跟我们活着也并不知道有些事情的发生
一样。

虽然我们不知道很多事情，但这些事可能真实地影响
着我们。

比如，爷爷给你买过一本书，让爸爸带给你。

可是，爸爸忘记告诉你那本书是爷爷买给你的，

但，你看了这本书获益匪浅，甚至终身受益。

这也是你和爷爷无法被生死隔断的连接。

所以说，有时候，死者的生和死，

对活着的人来说，并没有那么明确的界线。

一个人受到的尊敬，他享有的荣誉，

不会因为他的离世，或者他不知道而消失。

我们活着的人，更不能认为这些已经消失。

或者认为，这些已经没有意义。

意义，恰恰是因为我们活着的人而存在。

只要我们活着，意义就存在着。

祭祀那样的形式，就是表达我们对爷爷的尊敬。

也是表达对爷爷的怀念。

只要我们活着，

爷爷就应该享有我们对他的尊敬和爱戴。

4

可是，为什么要采用祭拜这种形式呢？小孩问。

祭祀的形式是因为文化或传统，爸爸说。

祭祀的形式，可以强化祭祀的意义。

比如，我们虔诚地立在爷爷坟前，

深深弯腰向爷爷鞠躬，

在我们内心，会油然而生一种敬重。

如果没有一种固定的形式，

就可能变通再变通，简省再简省。

到后来就是逐渐淡忘，直至完全忘记。

刚好路边有个池塘。

就拿水来打比方吧，爸爸接着说。

我们用水桶来盛水，将桶放在地上。

桶的形状，就是水的形式。

如果把桶打破，形式不存在了，

水也就漏出来，渗透到地上。

最后，一桶水，很快消失于无形。

所以，形式很重要。

没有形式，意义或内涵就没有依附。

5

注重形式，说明我们注重意义。

有些形式是仪式，有些形式是实物。

最庄重的形式，

如遍布世界各地的烈士纪念碑，

还有各国都有的升国旗仪式，体现的是国之尊严。

在平常生活中，有很多这样的仪式或形式。

你能举些例子吗？爸爸问。

小孩说，生日、结婚纪念日、端午节、中秋节……

爸爸说，对，这些都算。

我们适当注重这些形式，认真过这些节日，

生活会更有意义。

钥匙

1

升学考试像一场马拉松。

漫长的冲刺结束了。

爸爸和小孩，去看电影。

电影的名字叫《冈仁波齐》。

一座山的名字，

藏族人朝圣的圣地。

长跪，长跪，长跪，

是电影贯穿始终的镜头。

背景在变，环境在变。

不变的是，不断地长跪。

动作单一，目标单纯。

辛勤，辛劳，辛苦。

故事，故事背后的心灵冲击，

在简单自然的重复中延伸。

精神的种子，

灵魂的花朵，

关于生命的一切——

在简单重复的长跪中滋生，绽放。

2

看完电影，小孩和爸爸聊天。

爸爸，他们为什么要这么做？

他们这么坚持他们的信仰对吗？

涉世未深的小孩，单纯天真。

小孩的视角和逻辑，

让爸爸沉思。

好像有一道看不见的墙壁，

没有厚度，却很坚硬。

过了片刻，爸爸边想边回答。

也许，这些问题的答案应该是开放式的吧。

可以不用绝对的对与错或是与非来评论。

换句话说，就是应该具有包容性。

最好不从单一的角度和维度去看问题。

就跟你熟悉的坐标系一样。

有一维坐标，二维坐标……n 维坐标。

在一维空间和二维空间，连细菌都无法存在。

具体真实的，都不是直线的或平面的。

现实世界，都只能在时空这个四维空间展开。

点，线，面，都只是真实事物的局部。

对很多问题的理解应该是多维度的。

点线面的思维，就像一把刀。

刀尖是点，刀锋是线，刀背是面。

刀的用法简单，就是切割。

而切割，造成的是非此即彼。

是零散，是不完整。

甚至可能是破坏，是伤害。

现在世界上最大的生物在哪里？爸爸问。

应该是蓝鲸，在海里，小孩答。

多角度的视角，就像心怀大海，爸爸说。

多维度的思维，也仿佛心怀宇宙。

大海和宇宙的特点，是包容。

包容的思维，

才能使我们认识的事物更接近真实和完整。

3

你知道吗?

在大海里,在星星上,藏着两把钥匙呢。

爸爸微笑着说。

两把钥匙?那肯定是两把无比巨大的钥匙吧。

小孩配合爸爸的幽默说道。

说大也行,说小也行。爸爸说。

有点像孙悟空的如意金箍棒?小孩笑起来。

说大,是因为它来自星星和大海。

说小,是因为它可以藏于我们内心。爸爸说。

你看,海底世界是多么丰富多彩啊。

而宇宙呢,更是星辰密布。

因为恒星的温度,宇宙熠熠生辉。

因为海水的广度与厚度,所以海纳百川。

阳光和水,正是生命最初的源泉。

阳光一样的温度，海水一样的厚度，

就是这两把钥匙。

4

温度和厚度能当钥匙用？小孩觉得怪异。

是啊，用这两把自然科学的钥匙，

可以开启人文世界的大门。

打开这扇门，我们就可以进入一个神奇的世界。

这就是神奇的精神世界。

你看，这部电影表达的是精神层面的问题。

而理解这些问题，跟每个人的经历有关。

也跟时间有关，或者说跟机缘有关。

机缘到了，理解某些问题只需要瞬间。

如果机缘未到，可能需要一辈子。

甚至，一辈子都不够。

就是没有找到那把钥匙？小孩问。

对啊，这就跟解某个数学或物理题一样。

有些同学，瞬间就知道怎么解答。

有些同学，可能要思考两三天。

我就曾经遇到过一道几何题，

初三时遇到，高三才做出答案。

其实，只要找到钥匙，开锁就容易了。

5

而这部电影，也是摆在我们面前的一道难题，

它促使我们不得不去思考。

别忘啦，我们现在有两把钥匙。

这两把钥匙怎么使用？小孩笑了笑。

爸爸说，好，我们先来开第一把锁——

你看，他们心中有神圣的信仰。

美好的信仰，与人无害，

不妨碍他人，也不强加他人。

他们自己因为信仰而充满力量。

这令人羡慕，令人崇敬。

因为信仰，他们愿意把身体放到最低。

也因为信仰，他们在内心向高山仰望。

有个成语，叫高山仰止。

从内心做到这点的人很少，他们真正做到了。

他们仰望的背影，又让局外人仰望。

他们共同的信仰，

让他们萍水相逢，也能像家人一样互相帮助。

他们不怕贫穷，不畏艰辛。

他们质朴，耿直，单纯。

他们的信仰，使人性的美好在他们身上绽放。

如果我们由衷地敬佩他们，并感知这些美好，

就需要放弃狭隘和偏见，

或者说，需要心胸有足够的厚度。

这个厚，是仁厚的厚，宽厚的厚。

有了这个厚，我们就不会轻易去轻视别人。

这样就打开了第一把锁。

6

他们中很多人把朝圣当成毕生的愿望。

他们的信仰，让他们获得了巨大的精神力量。

普通的心灵，也好像发出耀眼的光芒。

他们的信仰，甚至超越了生与死。

他们的信仰，就像一盏璀璨的明灯。

伴随并指引他们，

面对人生的困惑、艰辛和苦难。

而能感知别人的苦难，

就如同感知我们自己的苦难，

这需要我们的心是热的，是温暖的，

而不是冷漠的、凉薄的。

换句话说，需要我们的心有足够的温度。

这样就打开了第二把锁。

7

小孩问，用温度和厚度这两把钥匙，

就能理解他们的信仰？

可是，如果一个人平平安安，顺顺利利，

也能体会这些苦难和艰辛吗？

爸爸说，不一定要亲身经历才能感受到。

因为我们更多的感受是来自看，来自想。

面对人类的困苦命运，

只要我们怀有一颗有温度、有厚度的慈悲之心，

对别人的苦难，我们也能感同身受。

仔细想想，其实，生命的痛，与生俱来。

每个人的生命，都是从胎儿开始的。

女性的子宫为怀胎做准备，

每月会有生理出血，会有子宫之痛。

受孕后就是怀胎十月的艰辛。

接着就是分娩之痛。

外婆生妈妈，跪在床上几天几夜。

妈妈生你，接连疼了三天三夜。

生命是脆弱而短暂的。

大多数人的生命只有几十年。

在这几十年里，多数人都会遭受病痛，

更不用说各种天灾人祸。

从幼年起，就可能经历丧祖之痛。

中年又可能经历丧父丧母之痛。

老年必然会经历永别亲朋、告别人世之痛。

每个人生，或早或晚，

都会遭遇艰难甚至绝望的时刻。

无论富裕或贫穷，无论尊贵或卑微。

不管是平民百姓，还是帝王将相。

生命，自始至终，充满着痛与悲。

8

脆弱，是生命的特质。

短暂，是生命的规律。

而精神，是生命的骨架，

或者说，精神是生命的支撑。

信仰，就是精神的寄托，

就像果实，必须结在树上一样。

有了信仰，精神这个果实，

就有了实实在在的依托。

生命也就有了枝繁叶茂的景象。

这样去理解信仰，我好像有点开窍了，小孩说。

这么说来，这两把钥匙，不只是能开两把锁。

我认为这是两把开启精神世界的"万能钥匙"。

你这个说法更形象了，爸爸赞许道。

用这两把钥匙，

我们可以去探索精神世界的更多领域。

虽然不一定找得到最终解答，

但至少多几个通道或路径。

9

可是，你知道吗？开启大门只是完成了第一步。

那第二步是什么？小孩问。

我觉得，电影中表现的精神世界还像一面镜子，爸爸说。

第二步就是照镜子？小孩好奇。

爸爸说，因为电影中的精神世界纯净如水。

在这清澈中可以照见我们自己，

并在心中问自己一些问题。

问哪些问题呢？小孩问。

爸爸说，无论我们的信仰具体是什么样子，

在前进的道路上，

当我们遭遇困境的时候，

会有很多想知道但又不知道问谁的问题。

这时候，我们不妨问问自己——

我们是否像他们那样纯粹，

是否像他们那样目标坚定，

是否像他们那样自然而然地持之以恒，波澜不惊。

意识

1

爸爸带着小孩坐飞机旅行。

傍晚，经过城市上空，

爸爸和小孩透过飞机窗户，

看到一番难忘的景象。

华灯初上，霓虹闪烁。

楼房如琥珀，晶莹剔透。

行驶在马路上的汽车，细小如豆。

车灯星星点点，汇成光的河流，

忙忙碌碌，井然有序。

下了飞机，到了宾馆房间。

小孩在窗口向楼下的马路张望，

想起了小时候观察蚂蚁搬运食物的情景。

小孩说，车流就像蚂蚁的长龙。

还真是很像啊！爸爸感叹。

从高空俯瞰人类活动，

就像人类俯身观察蚂蚁活动。

这人啊，跟蚂蚁一样，都是从早忙到晚。

还都有点壮观呢!

2

小孩说,蚂蚁搬食物是因为本能吧?

可蚂蚁的本能是怎么来的呢?

爸爸说,本能,就是生来就有的能力。

是遗传基因决定的能力。

205

爸爸与小孩 3

7

人类的意识也很"完美"了吧？小孩问。

爸爸说，人类的意识已经很高级，

但还没有很"完美"，还需要不断进步。

还有很多的群体无意识，

等待我们去发现，去弥补。

一群白蚁无意识地打洞，可以造成大坝决堤。

不但白蚁自己被全部淹死，还会给人类带去灾祸。

爸爸与小孩 3

医生认为，这种病出现在小孩身上不可思议，

就详细询问这个小男孩的生活饮食习惯。

小男孩是奶奶帮带的。

奶奶偶然发现孙子特别喜欢喝一种冒气的甜饮料。

从那以后，只要孙子说想喝，就会买给他。

当孙子不想吃饭，或者不想吃蔬菜的时候，

奶奶还会用这个饮料给他"开胃"。

只要喝了这个甜饮料，饭菜就能吃下去了。

医生说，这个不良习惯正是小男孩患病的罪魁祸首。

奶奶听后哭倒在地，追悔莫及。

2

那是因为这个小朋友喝太多了。

我只是偶尔喝一次，应该没事吧。小孩说。

少喝一点应该没事，爸爸说。

比如，你说你想吃苹果，

首先，我会用我的知识经验帮你分析，

如果吃苹果对你的健康确实有好处，

我就送你苹果。

因为我爱你，我的经济条件也允许，

我还可以保证你能每天吃一个苹果。

但，我不会每天送你一筐苹果。

每天送你一筐苹果，这叫爱的"泛滥"。

爸爸开起玩笑来。

为什么是爱的泛滥？小孩也笑问。

因为你的身体不需要吃这么多嘛，

吃多了不但可能生病，

剩下的苹果还会"烂"掉，造成不必要的浪费。

再比如时间。

你说你很孤独，想要我陪你。

因为我爱你，我可能也会主动问你要不要我陪你。

如果你需要，那我就抽时间去陪你。

但我不能赖在你那里不走，

甚至影响你的生活、学习或工作，

变成你的麻烦。

再说热情。

如果我热情过头，

啰啰唆唆，婆婆妈妈，

缠着你没完没了，

让你感到难受，浑身不自在，

其实这也是爱的忌讳。

5

我有点明白了。小孩说。

爱这件事，就是要多动脑子。

不能因为我爱你，

你想要什么我都得给你，

我怎么做都是对的，

甚至连害了你都不知道。

就是啊，总结得非常好。爸爸说。

真正难的，不是做什么。

什么是更难的？小孩迫切想知道。

更难的，是不做什么。爸爸说。

因为不做，往往需要加入我的判断，

而且可能违背你的意愿。

但我认为只有坚持不做，才是对你好。

就跟买不买这个碳酸饮料一样，买是最简单的。

刷一下手机就好，然后皆大欢喜。

而做不买的决定，却需要做很多的交流和沟通，

要面对思想、观念、情绪的冲突和碰撞。

爱，不是简单的慷慨和不假思索的给予。

因为爱而拒绝，因为爱而说不，是更难的事情。

永恒

1

小孩的外公去世了。

妈妈常独自默默流泪。

经过外公租住过的小区，

或外公去过的中药房，

妈妈都会忍不住感伤流泪。

和亲人永远离别的悲伤，

就像寒冷刺骨的风，

渗进我们每一寸肌肤。

不用想起，因为时刻不曾忘记。

虽然太阳还是那个太阳，

但时光仿佛不再是熟悉的时光了。

2

小孩问爸爸，你怕死吗？

可能每个人都会怕吧，爸爸回答。

不过，我们所害怕的这个死，

准确地说，可能指的是非正常的死。

或者说，非自然的死。

什么是自然的死？小孩问。

就是符合自然规律的死，爸爸说。

每个生命都是大自然的一部分。

生命的规律，也是大自然的规律。

人老了，就跟树叶一样开始枯萎。

枯叶终有一天会彻底离开树干，

独自飘零。

3

虽然是自然的死，

但是想起来还是有点害怕。小孩说。

是啊，因为每个人都不愿意离开这个多彩的世界。

说是害怕，其实也是不舍。

不舍温暖和煦的阳光，

不舍朝夕相处的亲人。

死本身，或者说死的瞬间，

其实就跟我们打瞌睡一样。

都是在瞬间失去意识，

突然意识不到自己的存在。

但我们不害怕打瞌睡。

因为，我们知道瞌睡后还会醒来。

如果害怕打瞌睡，

那就没人敢上床睡觉了。

小孩说，死就像睡觉一样不再醒来？

我们也可以换个说法，爸爸说。

死，就是永远地睡去。

有个词语叫"寿终正寝"，

说的就是人老了之后，在家中自然地死去。

永恒

231

这也许就是生命的完美谢幕吧。

外公在很老的时候去世，

他几乎没有感到太多的身体痛苦。

这也可以算是外公的幸运。

4

可是，死总是令人悲伤的，小孩说。

这就跟人们悲秋悲落叶一样吧，爸爸说。

不过，换个角度去看，

也许，我们可以看到更多的意义。

如果把一个人比作一棵树，

如果这棵树只会生长而不会老死，

那么这个世界上的生命就固定了，

就不会有更多的新树生长出来。

正因为生命一代接一代生生不息，

一代代生命不断繁衍进化，

才使得每一种生命不断接近完美。

大千世界的生命也才更加具有多样性。

我们说，生命是神奇的存在。

其实，死又何尝不是呢？

因为，死也是生命的一部分。

虽然带着悲伤的色彩，

但如果换个角度看，

死，只不过是生命的另一种存在方式。

5

死，也有生命？小孩好奇。

也许真的可以这么说呢！爸爸说。

因为，个体的生命总是短暂的。

所谓，人生不过百年。

这么多古人都死去了。

但，他们的生命并没有彻底消失。

因为，我们现在每个活着的人，

在过去的每个年代，

都必然有很多古人是我们的骨肉亲人。

意思是说，无论在唐代或宋代，

都必定有很多人是我们的血缘亲人？小孩说。

是啊，甚至更早更早，早到盘古开天。

具体到过去的每一天，每一分，每一秒，

在某个地方都有我们的骨肉血亲，

他们的心脏在怦然跳动。

到底有多少古人是我们的血缘亲人？小孩问。

爸爸说，稍微想一下，就明白了。

如果把自己当成第 0 辈，从第 0 辈开始上推。

上推到第 1 辈，有两个血亲，就是爸爸和妈妈。

上推到第 2 辈，就到了外公这一辈，

这一辈有 4 个血亲，分别是外公外婆、爷爷奶奶。

上推到第 3 辈，就有 8 个血亲。

小孩说，我明白啦!

血亲的数量是"2 的辈次方"。

上数到第十辈，就是 2 的 10 次方，就有 1024 个血亲。

哇! 上数 20 辈，每个人就有 100 多万个血亲!

简直是不算不知道，一算吓一跳! 爸爸也感叹道。

如果平均 30 年出生一辈人，20 辈也才 600 年呐!

我们此刻活着的生命，

都是这无数亲人们生命的延续。

我们身体的每个细胞里，

都有他们遗传给我们的生命密码。

其实，不只是血亲才可以遗传。

人的思想，也像血缘一样具有遗传基因。

这也是人类生命有别于其他生物的典型特征。

因为，在我们每个今人的思想里，

无不深深打下了先人们的思想和智慧的烙印。

如果说人的生命真有"前世"的话，

我宁愿认为，我们的先人就是我们的"前世"。

有的"前世"，贡献了血缘或遗传基因；

有的"前世"，贡献了思想、精神和智慧。

这些"前世"，会永远活在我们的基因里，

活在我们的思想智慧里。

小孩说，就好像我们在帮先人们继续活着？

太对了！爸爸说。

生命就像一幅绵长的画卷。

画卷的卷轴在不断滚动。

活着的生命，是瞬态的，

逝去的生命，是被定格了的。

跨越时光去看待死亡，

逝去的生命，就仿佛时光一样被无限延长。

活着的生命，就好比每日每时的风景在不断变幻。

6

生和死，都是风景？小孩问。

就是啊，生和死，都是生命画轴里的风景。

也有人把生命比作一条河流。

其实，这条河流是真实存在的。

这条河流，就是我们身在其中的大自然。

所以，生命这条河流是永恒的，

死，其实是抵达永恒生命的必经之路。

生命，从这条永恒的河流中来，

也必然向这条永恒的河流中去。

生命来于永恒，也归于永恒。

如果把这个永恒的生命画卷展开到一万年，

人的生命先后和长短，显得多么微不足道！

7

这么说，生和死没有太大的区别？小孩问。

那倒不是哦！爸爸说。

别忘了，我们说的死，是自然的死。

我们不必恐惧自然的死亡，

这其实是有前提的。

就是我们首先要做到能够自然地生。

或者说，我们要珍惜生命，要好好活着。

争取健健康康，快快乐乐。

因为每个生命，都是大自然的幸运儿。

人的生命，则是幸运儿中的幸运儿。

为什么说人是幸运儿呢？小孩问。

因为，人是有情感有思想的嘛，

人能够思考，能够感知这个世界的多姿多彩。

人的思想，好像可以和世间万物相知相通。

虽然树也有生命，但树和树没法交流，

不能像我们这样说话聊天，

也不能像我们一样，

思考生命为什么存在，

思考这个世界为什么存在。

8

我们活着，就不要辜负大自然的这份宠爱。

而且别忘了，先人的生命也在我们身上继续着。

他们的知识、经验、思想、情操，

传到我们这一代，我们就应该把它们发扬光大。

也就是让先人的生命，

在我们这一代活得更加美好，更加精彩。

我们活着，如果能让这个世界变好一点点，

那么，即使到了不得不离开的一天，

也能给我们后代留下值得传承的财富，

从而可以将生命的美好一代代传承下去。

如果能通过这种途径获得生命的永恒，

那么，到离开的一天，

也许我们就没必要害怕了吧。

知 与 行

1

小孩有点感冒，说话瓮声瓮气。

感觉有点疲倦。

本来要在公园跑步，只好改成散步。

走了两圈，爸爸和小孩坐在木亭里聊天。

亭边有个池塘，池水清澈见底。

池边有条小溪，溪水潺潺流淌。

爸爸问小孩，你听说过陶行知吗？

我知道，著名教育家，小孩说。

陶行知改过名字呢，爸爸说。

他先改名陶知行，后又改名陶行知。

他为什么改两次名？小孩问。

他可能曾经探究过行与知的问题。

也可能被知与行的关系问题困扰过，爸爸说。

是先行后知或先知后行这样的问题吗？小孩问。

可能还包括知难行易或知易行难之类的问题，

爸爸说。

知与行的关系问题，类似物质与精神的关系问题。

有人认为应该先行后知，

有人认为应该先知后行，

也有人认为应该是知行合一。

有人认为知难行易，

也有人认为知易行难。

2

那你认为应该是先知后行，还是先行后知？小孩问。

我认为，这也类似鸡和蛋的先后问题。

先有鸡后有蛋，还是先有蛋后有鸡？

也许这种非此即彼的选择本身就有问题。

为什么呢？小孩问。

爸爸说，因为最初的鸡，不是现在的鸡。

最初的蛋，也不是现在的蛋。

最初的鸡，也许根本就不是鸡。

最初的蛋，也许根本就不是蛋。

从最初的鸡或蛋，到今天的鸡或蛋，

中间需要跨越极其广阔的时空，

经历漫长的演变进化过程。

所以这类问题我们不一定非要二选一。

也许答案并不在选择中。

3

这个问题，好像是个"陷阱"。小孩说。

就是啊！爸爸说。

看似简单的问题，其实一点儿也不简单。

我们不应该局限在眼前的时空，

掉入问题本身预设的陷阱里。

知与行的问题，

是属于认知范畴的问题。

我们对万物的知，包括最简单的知，

可能都经历了无数代人的领悟，

经历了漫长的时间和空间。

最初的知，是非常原始的，萌芽状态的。

最初的行，也跟小孩学走路一样，

可能跌跌撞撞，幼稚无比。

在行中发现知错了，于是修正知。

因为获得更多的知，行也就得到不断修正。

知与行，无所谓先后？小孩问。

爸爸说，如果论先后，最好这样去理解——

后人的知和行，是以前人的行和知为起点的。

所以，后人要尽量掌握前人的已知，

在行的时候才能少走弯路。

并在行的基础上去发展旧知，发现新知。

如果针对具体问题来考虑先后的话，

知得越多，自然就越好。

在行之前，知越多，行就越有效。

知越多，走的弯路越少，结果就可能越好。

4

亭边，几棵丁香树正在落叶。

小小的果实在枯叶间似有似无。

爸爸手指眼前的几棵树，继续说道，

知和行，就好比树的种子和土地。

如果知是理想，行就是现实。

如果知是种子，行就是土地。

理想的知，必须与现实的行结合，

理想的种子才能落地生根。

先知而后行，是一种理想的境界。

我们应该去追求，

但又不能停留在知上，

最终总是需要落实到行上的。

不然，知就无法得到检验。

所以，现代科学，讲求实证——

科学理论，最好通过实践或实验，得到验证。

如果只想追求无限的知，终极的知，

而没有通过行来获得检验和修正，

这样的知，可能就是虚幻的，空洞的。

反之，如果只重视行，而不重视知，

这样的行，就是低起点的，低层次的。

可能是无效的，甚至是错误的。

5

哪些事情，应该先行而后知呢？小孩问。

爸爸说，我认为，先行而后知，其实是迫不得已的。

就是说，当我们不能够做到先知的时候，就只好先行。

不然，就只能原地踏步，一筹莫展。

于是就只好在行动过程中，

通过不断尝试，不断犯错，

去探索发现知，去获得知。

先知和先觉，是一种理想。

先行而后知，则是一种积极的状态。

所以，知与行的先后，并不绝对。

知与行，都只是一个过程。

一次的知，一次的行，

不会是最终结果，不会是终极目标。

总有更完美的知、更完美的行在等待我们去追求。

所以，知与行的过程，应该是穿插反复的过程——

在行的时候去修正或补充知，

在获得更加深入透彻的知后再来修正行。

行的过程，也是知的过程。

探索知的过程，其实也是行的过程。

我宁愿认为，这才是知行合一的本意。

6

那你认为是知难行易呢，还是知易行难呢？小孩问。

爸爸说，难易，只是相对的。

有些事，知难；有些事，行难。

同一件事，对有些人，知难；对有些人，行难。

所以，知行的难易问题，也无法一概而论。

一般认为，小事知易行也易，大事知难行也难。

复杂的问题，知难行也难。

这可能也只是假象。

如果把知与行的哲学问题生活化，

也许理解起来就没那么复杂了。

何况生活本身就是哲学的源头嘛。

人的日常生活，行为习惯，都蕴藏着知行哲学。

如果用知行哲学来引导我们自己，

可能我们就可以获得一些额外的能力。

比如，有的人明明知道吸烟危害健康，

也想戒掉，可总是做不到。

就这件事来说，知是容易的，行是困难的。

也许，太容易获得的知，不是真的知。

也就是说，他并没有真正认识到吸烟的害处。

有的人，只有见到医院的化验单"宣判"，

甚至，躺在手术台上了，才不得不彻底戒烟。

又比如，多吃蔬菜能增强免疫力，

这也是容易获得的知。

可偏有人习惯了少吃蔬菜多吃肉的生活。

直到身体发生了不可逆转的癌变，

他才有彻底改变饮食习惯的决心。

可是，往往为时已晚。

7

为什么一些生活小事知易行难呢？小孩问。

这个问题问得好啊！爸爸说。

大道理，大知识，往往离我们的生活很远。

恰恰是一些小道理，小知识，跟我们生活息息相关。

小道理，获得太容易，似乎变得泛滥，

所以，对有些人就变成了耳旁风。

小道理，也许践行一次容易，坚持则不易。

日复一日的行，其实就变成了行为习惯。

用正确的知，来指引我们的行，

就是要我们建立正确的习惯，改变错误的习惯。

改变习惯，可不是简单的事。

改变，往往需要我们积极向上，

需要勤快，不怕麻烦，心中有别人……

有些改变，需要跟自己的性格做斗争。

有些改变，甚至需要提升修养德行。

很多不起眼的小行中，往往蕴含着大德。

比如，很多人喜欢养狗。

他们会经常在户外遛狗。

随地大小便，是狗的习性。

可是只有一部分养狗人有主动清理狗粪的习惯，

大部分养狗人似乎习惯了视而不见。

又比如，有些人开车习惯用远光灯。

他也知道远光灯给别人造成的不舒服，

以及可能存在的安全隐患，

可他就是不愿意轻拨一下调节杆，或者按一下按钮。

即使在街灯通明的街道或路口，

他依然用远光灯射向对面的汽车长龙。

类似的事，不胜枚举。

这次你感冒，也是个知与行的问题呢。

冬天晚上上厕所，你只穿内衣，

冬天你还喜欢打赤脚。

你肯定知道保暖和身体健康的关系，

可是，你已经在夏天形成了习惯，

到了初冬，你还没有建立起新的习惯，

这次你感冒也就不奇怪了。

8

有句话叫"大行不顾细谨",

意思是，成大事者可以不拘小节。

这个说法是有问题的，可能改一下更好。

你打算怎么改？爸爸笑着问道。

成大事者，应拘小节？小孩答。

爸爸说，可能这样改比较好——

成大事者，可偶尔不拘小节。

这个修改背后其实隐含了这层意思——

事事不拘小节，必不能成大事。

为什么呢？小孩问。

爸爸说，你想啊，经常不顾别人感受的人，

早就把人得罪完了，

谁还愿意跟随他成就什么"大事"呢？

所以，我们说的知与行，

不只是日常生活或专业知识上的知，

也是道德的知；

不只是行动的行，也是德行的行。

相信道德，意味着开始具备一种精神能力；

持之以恒地践行道德，

足以成为我们一生的目标。

池塘里，轻风吹拂水面，微波荡漾。

小孩望着水面，水面映照出别样的天空。

醉酒

1

小孩手臂外伤，出血不止。

深夜，大雨，街道迷迷蒙蒙，

爸爸带小孩去医院包扎。

在急诊大厅，看到揪心的一幕：

担架床上躺着一个壮硕的男子。

头部严重撞伤，眼睛部位血肉模糊。

偶然看到这一幕的人，不敢再看第二眼。

与男子同行的朋友急切地描述，

大致还原了男子受伤的过程：

几个朋友相聚，一起喝酒。

男子不胜酒力，但盛情难却，很快就喝醉了。

走出饭店时，男子胖硕的身躯轰然倒地，

头部重重碰撞在雨中的石阶上。

回家的路上，爸爸和小孩仍然心有余悸。

喝醉酒的后果也太严重了！小孩感叹。

这个人难道不知道自己的酒量是多少？

唉！爸爸也叹息道，

可能在那种老友相聚的热烈气氛下，身不由己吧。

就好像自己的身体被别人绑架了一样，

失去了对自己的控制，

最后连生命安全都失去了保障。

2

网上曝出一则新闻，很快人尽皆知。

大学里一个恋爱中的女生自杀了。

在某种程度上，两人都认为找到了最好的对方。

可是她的上一次恋爱史，竟成为她的致命伤。

因为她的现男友不能释怀于她以前的恋爱史，

总觉得对她的拥有不够完整，

从而觉得两人的爱情不能像童话一样完美。

男生在精神上不断折磨着自己，

也几乎不择手段地用言语折磨着女生。

两人陷入了折磨和被折磨的怪圈。

最终女生以极端决绝的方式寻求解脱。

小孩也知道了这则新闻，

回家和爸爸一起讨论。

恋爱中的人，怎么这么怪异？小孩问。

爸爸说，不是有人说过嘛，恋爱是一种"病"。

我认为，不是说真的身体有病，

而是精神上的一种特殊状态。

恋人之间互相形成了一种特殊的"场"，

就像一个强大的磁场或电场，

两人在这个场里，神魂颠倒，如痴如醉。

恋爱中的人，会误以为所爱的人就是全世界。

眼中除了对方，几乎没有别人。

或者，觉得旁人一点都不重要。

甚至觉得连亲人都不重要了？小孩说。

是啊，有的人宁可放弃亲人，都不愿放弃恋人。

他们觉得，恋人是世界的唯一，

就像罗密欧和朱丽叶那样。

3

有点反常吧。小孩说。

爸爸说，恋爱中的人，可不以为这有什么不正常。

就好像被某种神秘的力量控制了一样。

陶醉其中，不知身在何处。

有些人甚至没有对错、是非的概念。

没有对错是非？能举个例子吗？小孩问。

比方说吧，如果男生喜欢抽烟，

女生也会觉得男生抽烟的动作很帅。

甚至，男生建议女生吸某种毒品，

可能女生都会乐于尝试。

当然，这个"毒品"，也可以不是真的毒品，

而是那些对身体，对精神有害的东西。

就跟喝醉酒一样？那岂不是很危险？

小孩可能想起了医院那一幕。

就是啊！很多人在恋爱中失去了自我。

也就是搞不清自己在做什么，

也无法判断这么做对不对。

就拿这对恋人来说吧。

他们有一段难忘的感情生活。

随着彼此感情的深入，

产生了完全彻底拥有对方的渴望。

当男生了解到女生的过去，

他的心理出现了严重的偏执，

陷入极端的自私和狭隘中无法自拔。

男生的心理真的生了很重的病。

那他为什么不去看心理医生？小孩问。

爸爸说，心理患病的人，

是很难自己判断的。

基本上也不会承认自己心理有病。

那女生的心理是不是也生病了？小孩问。

爸爸说，也算一种病吧。

女生因为自己失身于上一次恋爱，

而对男生产生了负罪感。

女生默认了男生对她羞辱的合理性，

放弃了对自己尊严的保护，

进而彻底否定自己，完全放弃了自我。

甚至没有想到借助外力去摆脱。

就像在心里进行的一场战斗，

她彻底缴械投降。

4

这个女生真可怜！小孩为女生着急。

不只是这个女生可怜，其实这个男生也可怜啊！

爸爸说，因为他们彼此都付出了真情。

可怜的是，他们并没有学会如何真的相爱。

他们不懂什么是真正的爱情。

那，什么是真正的爱情？小孩问。

真正的爱情，是不能失去理智的。爸爸说。

或者说，是理性的接纳和包容。

接纳对方的过去，接纳对方的悲伤与痛苦。

不但要审视自己的缺陷和不完美，

更要包容对方的缺陷和不完美。

爱对方所爱，痛对方所痛。

携手面对过去、现在和将来的风风雨雨。

迷醉状态，也许是爱情的必经过程吧。

但恋爱中的人要明白，这只是一种幻觉而已。

要提醒自己快快醒来。

就好比喝酒——

可以把自己喝醉，

体会一下适度醉酒，飘飘欲仙的感觉。

但不要醉到彻底瘫倒在地，完全丧失意志。

要把握好醉酒的边界，不要忘记坚守自己的底线。

醉酒时的行为，一定要经得起酒醒后理性的检验。

5

这句话是什么意思？小孩问。

爸爸说，喝醉酒的人总会醒来嘛。

当他清醒过来的时候，会回想自己喝醉酒的样子，

也可能听到旁人描述他喝醉酒的样子。

最好的情况是，他觉得自己醉酒的样子很有趣，

甚至很可爱。

不好的情况是，他觉得自己醉酒的样子很可耻，

甚至很可恶。

最糟的情况是，因为一次醉酒，从此一病不起。

就像那个雨中跌倒的醉汉一样，

不但身体留下永久的不可复原的创伤，

心里也会留下一辈子难以抚平的伤痛。

倒地不起的爱情，是危险的。

匍匐在地的没有尊严的爱情，是畸形的，不可持久。

恋爱，是一场需要准备的人生考验，

就像中学生的高考。

这里不是终点，而是起点，

是你走出父母的世界，

开始构建自己的世界的小小起点。

指 尖

1

屋后有山。

山顶有观景平台。

周末爸爸和小孩去爬山。

在观景平台的长椅上坐着聊天。

深秋，蓝天，万里无云。

不时有候鸟群从高空飞过。

爸爸伸出右手食指，

静静地指向天空。

问小孩，如果把我的指尖看作一个点，

你认为这个点在动吗？

没有动啊！小孩答。

可是，我怎么认为在动呢！爸爸神秘一笑。

2

你可能马上猜到啦，

我所指的动，是相对的动。

如果空间有个绝对静止的坐标系，

我不用费一点力气，

哪怕指尖一动不动，

也会在这个坐标系中划出一条曲线。

因为地球有自转和公转。

因为太阳系在运动，宇宙在运动。

哇，那划线的速度该是多快啊！小孩惊叹。

对啊。爸爸说。

从指尖滑过的不只是空间，还有时间。

古人就知道，光阴似箭，日月如梭。

从指尖滑过的点，离此刻的点越来越远。

而且再也回不到此刻的点。

指尖上的点，随时都在告别——

经过的，就是过去。

未经过的，就是未来。

甚至来不及说现在。

因为现在，转瞬已成过去。

3

这条曲线，应该是什么轨迹呢？小孩问。

爸爸说，描绘这条曲线的轨迹，

对人类来说，也许是永久的谜题。

如果知道了它的轨迹，

就等于知道了宇宙从哪里来，到哪里去。

描绘这条曲线的困难在哪里？小孩问。

最大的困难在于，

宇宙中并不存在这样的绝对坐标系。

也找不到一个绝对的零点。

因为，所有的空间，都是运动中的空间。

我们所有的探索观察，也都只能在运动空间中进行。

甚至，包括我们自己的感觉，

也都是运动空间中的感觉。

包括我们能感觉到的重力？小孩问。

是啊，重力也是因为我们处在运动空间中。

你看，我们位于地球表面跟随地球自转。

地球自转是旋转运动，存在自转加速度。

地球绕太阳转，存在公转加速度。

公转轨道是椭圆的，旋转加速度也是变化的。

所以，人类存在的空间，

是一个永远存在速度和加速度的空间。

如果换一个存在空间，我们的体重就不同。

在宇宙飞船上，宇航员感受到的体重是零，

也就是完全失重。

4

我们看到的也跟这些运动有关吗？小孩问。

是，我们看见的也跟我们所在空间的运动有关。

我们看到物体，

是因为从物体发出的光到达我们的眼睛。

可是，光也是有速度的，有它的极限。

我们可以先做个简单实验。

A 火车向我们开来，

我们自己坐 B 火车远离。

如果两列火车速度相等，

A 火车就永远追不上 B 火车。

接着我们再做个极端的设想，或者思维实验。

在头脑中开一列想象的光速火车——

我们坐这列火车以光速离开某个物体。

这个物体发出的光，也就不可能追上这列火车。

对火车上的我们来说，也就看不见这个物体。

仿佛这个物体消失了。

或者说，这个物体的长度变成了数学上的零。

5

让火车以光速运动？

这个实验听上去太疯狂了吧，小孩说。

确实太疯狂，太不合常理，爸爸微笑说。

不过，我们可以不断降低疯狂等级。

随着疯狂等级的降低，合理性也就增加了。

我们不妨在头脑中把实验继续进行下去。

假如火车离开的速度是光速的一半，

光线可以到达我们眼睛，物体就可以被看见。

也就是说，看上去的物体长度大于零。

不断减小火车的速度，结论也就自然而然——

如果把速度降低到零，

看起来的物体长度就是真实的了。

所以，运动的物体，看上去的长度是缩短的。

指尖

啊？！这么说来，看一切运动的物体，

都是变形的？小孩惊讶道。

可不是嘛！爸爸说。

物体的变形程度，

取决于我们和运动物体之间的相对速度。

现实中，我们和任何物体的相对速度，

都肯定在零速和光速之间。

只要不是零速，我们观察到的物体就会有变化。

看运动中的物体，

就好比看水中的棍子变弯曲一样。

只不过，现实中物体间的相对速度总是有限的，

跟光速相比，简直是微不足道。

所以，发生在现实世界中的这个变形，

可以忽略不计。

但是，一旦把观察领域深入到宇宙空间，

这个变形就不能忽略了。

因为，天体的运动速度，总是惊人的。

任何物体，一旦速度接近光速，

这个物体的"变形"也会达到极致——

这个物体会分崩离析，土崩瓦解，变成粒子态。

6

忽略，还是重视，这真是个大问题。

爸爸开玩笑说。

哈哈，你是在改造莎士比亚的对白吗？

小孩会心一笑。

忽略这个变化，于是有牛顿力学，爸爸接着说。

重视这个变化，于是有爱因斯坦的相对论。

牛顿力学中的长度，是一个绝对的度量。

相对论中的长度，是一个相对的度量。

可是，相对速度影响的是长度，

为什么跟力有关系？小孩问道。

你这个问题问得太好了，爸爸说。

有位哲学家说过，存在就是被感知。

我要稍微修改一下，存在就是被感知和被测量。

为什么是被测量呢？小孩问。

因为被感知，就是用身体来测量。

我们的身体，本来就自带很多测量"装置"。

比如，我们的眼睛就是一套精密的光学系统。

我们的耳朵里，就有重力感应和平衡系统。

无论物体的长度，还是温度、颜色，

或者来自物体的力，

都是可以被感知或者被测量的。

所以，感知和测量，可以看成一回事。

物理定律中的量，是测量得来的。

物理量必须是可测的，

这也是一切物理定律的基本前提。

7

就拿重力来说吧，测量出来就是重量。

我们身体感受到的就是重力。

因为重力，我们跳的高度很有限。

因此，总感觉无法摆脱地球的束缚。

有一种力，是因为惯性产生的，叫惯性力。

惯性力，是因为加速度而产生的。

就跟汽车加速时，

汽车座椅给我们造成的推背感一样。

而加速度，就是速度大小和方向的变化快慢。

因为距离或者长度的变化，所以有速度。

因为速度的变化，所以有加速度。

因为有加速度，所以有惯性力。

宇宙中的物体，都在凭借惯性力，

在遥远的距离，

互相影响彼此的运动速度和加速度。

所以长度这个物理量，

可以引起物理量的连锁反应。

如果长度是相对的，

其他物理量也就是相对的。

相对速度对长度的影响，只是一个入口？

小孩产生了灵感。

太对了！爸爸竖起了大拇指。

因为长度和很多物理量之间都有直接关系，

而物理量之间也可以借助物理公式实现等价转换，

所以，长度是个神奇的入口。

通过这个入口，可以曲径通幽——

既可以深入理解牛顿三定律，

也可以深入到爱因斯坦的相对论，

对已有的物理定律做进一步的探索或修正。

8

万有引力，是一种宏观或宇观世界的力。

还有很多力，是微观世界的力。

而宏观，是微观的集中体现。

微观世界中的相互作用，

最终以宏观世界的相互作用来表现。

就好比，月亮和地球之间的引力变化，

会反映到月亮对每个海水分子的引力上。

每个水分子参与相互推动，

形成汹涌澎湃的海水潮汐。

所有的力，其实都有个共同的来源，你知道吗？

都是因为加速度或惯性吗？小孩答。

这个共同来源就是变化或趋势，爸爸说。

因为变化，就有变化的趋势快慢。

因为变化产生的力，推动宇宙不断运动。

运动是因，变化是果。

因变成果，果又变成因。

形成一个无限的因果循环。

变化生宇宙，变化生万物。

我们每个生命也都处在这个因果循环中。

9

为什么呢？小孩问。

我举个例子吧。爸爸说。

我的爷爷，也就是你的曾祖父，

我从来没有见过我的爷爷，

他在我出生前 20 年就过世了。

但我自己，就是我爷爷存在的证明。

因为没有我的爷爷，就不会有此刻的我。

爷爷是我的因，我是爷爷的果。

同样的，作为你的父亲，

我是你的因，你是我的果。

生命有因果，才得以绵延不尽。

一代一代的生命延续，也就有了连续的轨迹。

我们说，人的思想就是人的灵魂。

灵魂依附于生命之上，

灵魂也就有了因果和轨迹。

先人的灵魂，是附着在我们的灵魂之上？

小孩顿悟道。

就是这个意思！爸爸肯定道。

所以，从这个角度说，人的灵魂是永续的。

只要人的生命世世代代生生不息，

灵魂就可以无限延续，甚至可以相通。

10

怎么能相通呢？小孩问。

爸爸说，比方说吧，

先人们在造福后人的时候，

他们心里一定会想着他们的后人，

他们的后人，就是现在的我们。

而我们回忆起先人说过的话，做过的事，

他们的言和行，也影响着如今的我们。

在不同的时代，不同的境况下，

他们心中想着我们，我们心中想着他们，

就好像有个时空隧道，灵魂在其中穿梭。

爸爸再次伸出手指，指向天空的候鸟。

你看，天上的鸟儿飞过，虽然不留痕迹，

可是，鸟儿确实有它飞行的轨迹。

我指尖画出的曲线，虽然难以描绘，

但它必然遵循着宇宙的规律。

我们自身也因为这个规律而来，

因为这个规律而去。

人的生命、思想和灵魂，

就像鸟儿飞过天空一样，

一代接一代，飞向无限的远方，

与广袤深邃的宇宙同在。

指尖

附录

18 岁的小孩，18 岁的爸爸

文 / 赵婕

1

上周六，高三的小孩依然上课。放学回家后，小孩做完作业，邀请我与他一起看日本动画片《利兹与青鸟》。我建议先洗碗再一起看。他洗碗时，我又告诉他"厨房统筹法"，估计他想着《利兹与青鸟》，被洗碗延误，心里有些烦，又听我"不失时机"的教导，就更烦，对我说话不客气。我假装生气，预告周日我会"罢工"不做早餐。提醒孩子懂得尊重教育他的人和为他服务的人之后，我也习惯性自我反省，心里明白，自己又犯了"教子心切"的忌。

　　小孩的特点，是渴望自立，喜欢自我探索，本能地反感过多言行"干涉"。

　　幼儿时期，夜里，他迷迷糊糊醒来，跑向卫生间，自己第一次够着马桶小便。我当时跟过去，他半睡半醒，言语坚定，大声说："我自己来，我自己来。"

　　小学时期，傍晚接他放学，我絮絮叨叨给他传递"人生经验"。小孩说："老师在学校灌一整天，您还说个不停，不觉得残酷吗？"

　　我仔细观察过小孩小时候图画课上画的巨人和城堡。巨人巨头巨眼、粗胳膊大手、粗腿大脚、小耳朵小嘴。城堡呢，周围有山有水有树木花草，坚固牢靠，门少窗户多。那时，我已了解小孩不喜欢唠叨，喜欢观察，喜欢自由自主。

　　然而，我"教子心切"。

　　小孩的爸爸不时提醒："小孩不是傻子，你点到为止。他来找你，你可帮他，他来问你，你可耐心说透。"

2

对于我上周日"罢工"不做早餐，小孩和爸爸并无怨言。他们一起煮好速冻汤圆，送一小碗到我床边。早餐之后，我继续端茶递水洗衣做饭，尽力遵循清华附中校长对家长的建议："少说话，多做饭。"

小孩现在读的课外书是霭理士的《性心理学》，这段时间他常与父母探讨的话题是女性主义。前日，回家路上，他问爸爸："当代母亲，职场、家务、孩子、个人理想、内外修养一手抓，你怎么看？"爸爸说："我现在也做家务，还可以吧？不过，什么都不必过头。不能执其一端。这是个复杂的话题。我现在要专心开车。你和妈妈先讨论。"我说："人与人，男人与女人，要合作，要彼此温存。现在也有人说，女性解放过头，又提出解放男性。关于这些，我有一个专题书架，等你高考结束看……"

又到了周六晚上。小孩再次邀我看《利兹与青鸟》，我暗暗高兴，他没有忘记，没有放弃。我建议爸爸停止加班，建议小孩也邀爸爸一起看。《利兹与青鸟》讲述的是迷人又迷茫的青春女孩世界，美妙的音乐和画面，美好的聆听和呼应，甘美的表达和理解。我想，时候到了。我们也要像利兹放飞青鸟一样，放飞家中的小孩，让他自己去谋生，去过自己的人生，去赢得爱情和友情，去养育他自己的小孩……

前天，小孩穿着白色夏季校服，去驾校报名。出门前，我让他换衣出门，他说校服好，不必费神在穿搭上。我说，我赞同生活简洁。有些男士，会置办一模一样的衣服挂在衣柜里，每天换一套，别人会以为他总穿同一套衣服。

路上，我邀小孩听杜兰特夫妇的《历史的教训》这本书的讲解音频，他提议先重听《利兹与青鸟》中的音乐。好，听小孩的，听音乐。一路愉快。

3

新冠疫情，让小孩的高考延迟到 7 月初。高考结束，

就会告别校服。小孩在驾校报名处拍的证件照，爸爸喜欢，另缴费要到电子版原图，又多打印一些，还说，上大学时的证件照也有了。他让我替小孩保存好这些照片。其实，爸爸也是留恋小孩穿着高中校服即将告别中学时代的样子吧。

想起家中影集里小孩的第一张照片，是他出生前 43 天留下的。产前检查时，护士说，另缴费可以有一张彩超照片。彩超中的小孩样子神秘，不让我们看清模样。

这么慢，这么快，过去了 18 年。小孩 18 岁，陪着小孩长大，爸爸也"长大"，成为"18 岁的爸爸"。

4

对小孩来说，妈妈比爸爸大一岁。

小孩在妈妈肚子里长成的一年"虚岁"，对于"隔岸观火"的爸爸也是"虚"的，对于妈妈才是"身体力行"实打实的。

小孩零岁，爸爸零岁时，妈妈已经一岁。

怀小孩的第一年，生下小孩养小孩的第一年，爸爸也是"婴儿"。妈妈的身心，要拖着两个小孩。

养家糊口，爸爸认为他责无旁贷。此外，他要保证睡眠，要看球赛，该干吗干吗。那个时候，照顾人的意识，做家务的意识，在他身上还没有苏醒。

我是高龄孕妇，医生建议不做或少做家务。早孕反应剧烈，日常生活的气味似乎加重了千百倍。以前感觉正常的自来水现在觉得是恶臭的，厨房、超市各种怪味逼出呕吐。爸爸答应给我买饭，答应给房间擦灰。然而，工作专注的他，忘记午饭和家中孕妇。下午两点，还不见人影，还没有午饭。我独坐家中等饭，然满眼灰尘，难以忍受，立即打扫。忘记自己是孕妇，搬动桌子，要擦掉缝隙的灰尘。晚上，身体异常出血，去医院。先兆流产。躺在床上保胎。从单位停职。

请人照顾，一波三折。能干的亲人保姆终于来了。爸爸高枕无忧，从小孩出生到三岁半，爸爸是三号配角，只偶尔"听用"。

5

保姆姐姐要去结婚。我已重返职场。爸爸开始充当带娃主力。

这个时候，小孩到处奔跑，随时发问，接着又开始学游泳、学轮滑、学骑车、学钢琴……

爸爸上场正是时候。

爸爸有童心如大儿童，正是小孩最好的玩伴。小区里，除了自家小孩，一串大大小小的小孩跟在他身后。爸爸多才多艺，不怕小孩千奇百怪的问题；爸爸喜欢运动，善于分解动作教会小孩……

从小孩 3 岁半到小孩 18 岁，爸爸与小孩共同成长的痕迹，一部分留在《爸爸与小孩》短小轻盈的文字里。

大略分一下，《爸爸与小孩》之一，写于小孩幼儿园和小学阶段；《爸爸与小孩》之二，写于小孩初中阶段；《爸爸与小孩》之三，写于小孩高中阶段。其中父子对话，探讨各种问题，大体与小孩这几个阶段的身心成长平行。

6

《爸爸与小孩》最初的文字，是爸爸赵洪云的私人日志。我分享给马浩楠女士，她以母亲的感受和出版人的眼光，把这些随意的篇章命名为《爸爸与小孩》出版。随即，在当当网热销为家庭亲子图书第一，并登上年度媒体书榜。

随后，赵洪云受邀写完《爸爸与小孩》第二辑。出版人向平女士精心编辑为"春夏秋冬"，在三联书店出版。随即，朋友们拍给我此书在书店热销上榜的照片。

2014年父亲节，我的前同事张晓萍女士，订了《爸爸与小孩》送给她先生，作为父亲节礼物。看到我写的书序，她确认《爸爸与小孩》的作者是我先生。失联好几年后，我们从前同事成为朋友。晓萍是做童书和亲子图书的高手。她认定《爸爸与小孩》是好书，也契合她的"诗意教养"亲子读物出版理念。这几年，她等着《爸爸与小孩》版权到期，希望再版。

2015年父亲节前，先知书店的李治华、张永新两位先生与我联络，推出《爸爸与小孩》签名版，很快供不应求。先知书店，部分业务是给事业繁忙人士私人定制家庭图书馆，替他们挑选好书。此前，治华的前同事徐玲女士买过多本《爸爸与小孩》送给年轻父亲。治华与他的小孩一起读《爸爸与小孩》，一起"演习"书中某些场景与问答。小孩喜欢，他也喜欢。他因而联络到我和赵洪云，我们认识。

2019年冬天，治华提议《爸爸与小孩》系列与先知书店签约。而版权到期的《爸爸与小孩》，刚与晓萍签约，在中国民族文化出版社出版。商议结果，赵洪云写完《爸爸与小孩》第三辑后，与前两辑一起，由晓萍负责编辑出版，由治华、永新的先知书店平台独家销售。

《爸爸与小孩》全三辑最终到读者面前，有各位人士在各个环节付出热情、才情和精力，包括 2020 年版本的插画设计师王雷瑞雪、张黎、豆果汤等。在手捧书卷，唤起更好的亲子互动，为亲子时光留下未来美好回忆的过程中，我们一并感谢付出者与接纳者，如中国民族文化出版社刘彦明社长各方面大力支持，全社同事友好相助……

今天，恰好是我父亲的阳历生日。父亲已故四年。早上，睁开眼睛，我就想，85 年前的今天，那个落地的婴儿，后来长大成人，成为我的父亲。我一生的大部分幸福，我生命里更优美的部分，正是来自我最爱的父亲。碰巧，我的"玫瑰岁月"书系第三本《女儿与父亲》也在出版流程中，即将面世。

此刻，正要结束这篇序言，是下午快五点。这个时辰，正是我父亲在 1935 年 5 月 26 日出生落地的时辰，也是我父亲 2016 年 4 月 23 日寿终归天的时辰。借着这个日子，借着这篇序言，在此时此刻，再次深深感谢我亲爱的爸爸，

我敬爱的父亲。

　　愿，父亲们父亲节快乐；愿，小孩们因父母之爱而有受用终生的幸福；愿，小孩们长大成人，甚至老去时，想起爸爸想起父爱，一如五月之美。

2020 年 5 月 26 日

于西山林语